Wandern und Radfahren östlich der Oder

Zu Fuß und mit dem Fahrrad unterwegs auf den Spuren brandenburgischer Vergangenheit und polnischer Gegenwart. Aufgezeichnet von Jörg Lüderitz

Trescher
Reihe Reisen

1. Auflage 2000

© Trescher Verlag
Reinhardtstraße 9
10117 Berlin
www.trescherverlag.de
post@trescherverlag.de

ISBN 3-89794-002-7

Trescher-Reihe Reisen
Herausgegeben von Sabine Fach und
Bernd Schwenkros
Fotos: Jörg Lüderitz
Reihenentwurf: Robert Schumann
Satz und Bildbearbeitung: Tom
Schülke
Lektorat: Hinnerk Dreppenstedt
Karten: Bernd Schwenkros

Inhalt

Inhalt

Vorspruch

Herrliche Wandergebiete umschließt dieses Land, das von zwei Urstromtälern, dem Thorn-Eberswalder und dem Warschau-Berliner Haupttal durchzogen wird. Zwischen ihnen, im Sternberger Land, finden wir das ›Hochland‹ der Mark, das bald hinter Frankfurt (Oder) auf annähernd 100 Meter ansteigt und ganz im Osten bei Lagow und Groß-Kirschbaum im herrlichen Buchwald eine halbe Stunde nordöstlich vom Forsthaus Buchspring mit 227 Metern sogar die zweithöchste Erhebung der Mark – vom Rückenberg bei Sorau mit 229 Metern nur um zwei übertroffen – bildet.

Herrliches Wanderland, das Land östlich der Oder!

Köstlich einsam, fern dem Einfluß und den üblen Massenauswirkungen der Großstadt. Keine ausgetretenen Wanderstraßen, keine Lagerplätze mit Stullenpapier und Flaschenscherben, keine sperrenden Drahtzäune und Wochenendkolonien an den schönsten Seeufern, keine aufdringlichen Gaststätten – aber einsame Wälder, leuchtende Seen, Berge, von denen der Blick weit über fruchtbares Land und fleißige Bauerndörfer schweift, flinke Bäche mit klappernden Mühlen, verträumte Städte mit alten deutschen Wehrbauten …

Alfred Lange, Mit Rucksack und Nagelschuh, Heft 22: Östlich der Oder, Berlin 1933

Eine Landschaft wie geschaffen für Fuß- und Radwanderungen

Es ist keineswegs zufällig, daß sowohl die internationale touristische Wanderroute E 11, die internationale touristische Radlerroute E 1 und der sogenannte Piastenweg für Radwanderer quer durch die Lebuser Landschaft führen, die vom 14. Jahrhundert bis 1945 größtenteils zum sogenannten Sternberger Land gehörte und Teil der Provinz Brandenburg war.

Von den Grenzübergängen in Frankfurt (Oder) und Küstrin-Kietz aus empfängt den naturverbundenen Touristen eine ideale Wanderlandschaft: sie ist von großen Wäldern und klaren Seen geprägt; verträumt gelegene Dörfer sind von Feldern und Wiesen umgeben; Flußtäler werden von Höhenzügen mit Aussichtspunkten umrahmt; romantische Kleinstädte, Herrenhäuser, Burgen, Kirchen und Klöster sorgen für kulturhistorische Eindrücke.

Das Wanderbuch führt kreuz und quer durch diese Region, deren Mittelpunkt um Łagów (Lagow) und Lubniewice (Königswalde) Ähnlichkeit mit Gebirgslandschaften aufweist. Was seit mehr als 100 Jahren an Schönheiten der Natur hochgelobt wird, finden wir zum großen Teil noch heute vor, auch Stille, Unberührtheit, dünne Besiedlung und fast vollständig fehlende Industrie.

Die 30 Touren wurden sämtlich 1999 aktuell erkundet. Zumeist wurden markierte Wanderwege durch Wald und Feld, ab und zu auch mit befestigtem Untergrund, ausgewählt. Nur in wenigen Fällen begeben wir uns entlang von Straßen. Auf die Passagen, die für Radwanderer etwas schwierig sind, wird jeweils hingewiesen. Dort bieten sich fast immer Ausweichrouten mit besseren Trassen.

Die meisten der Touren wurden so ausgewählt, daß sie vom grenznahen Gebiet einschließlich Berlin aus an einem Tag unternommen werden können. Die an den schönsten Gewässern gelegenen Urlaubseinrichtungen sind zumeist nicht groß und für einen idyllischen Zwischenaufenthalt geeignet.

Bei einigen weiter entfernten sowie von den Bahnstrecken abgelegenen Routen werden Übernachtungen empfohlen oder Zwei- beziehungsweise Mehrtagesaufenthalte vorgeschlagen. Besonders Głębokie (Glembach), Krosno (Crossen), Lubniewice (Königswalde), Lubrza (Liebenau), Łagów (Lagow), Pszczew (Betsche) und Orte am See wie Niesłysz (Nischlitzsee) bieten sich dafür an.

Erfaßt ist ein Landstrich, der nördlich von der Warta (Warthe), östlich von der Obra (Obra) sowie südlich und westlich von der Oder eingegrenzt wird. Hier befanden sich bis 1945 die brandenburgischen Kreise Oststernberg und Weststernberg sowie Teile der Kreise Crossen (Krosno), Meseritz (Międzyrzecz), Schwerin/Warthe (Skwierzyna) und Züllichau/Schwiebus (Sulechów/Świebodzin).

In die Tourenbeschreibungen wurden lediglich die unmittelbar an den Wanderstrecken liegenden Orte aufgenommen und in kurzen historischen Anmerkungen beschrieben. Deshalb sei als Ergänzung der Reiseführer Das Sternberger Land (Trescher Verlag, Berlin 1998) empfohlen. Die Texte aus deutscher Zeit zeigen, daß das Sternberger Land bereits seit längerer Zeit eine besuchenswerte Kultur- und Touristenlandschaft ist.

Radwanderer haben gegenüber Fußwanderern manche Vorteile: sie sind weniger auf Verkehrsanschlüsse angewiesen, sie erfassen an einem Tag viel mehr, sie können weiter entlegenere Ziele ansteuern, und sie können mehr Gepäck aufladen.

Die Versorgung ist kein Problem, denn bis in die kleinsten Dörfer findet man Lebensmittelgeschäfte vor. Neben der Gastfreundschaft der Einheimischen kann man auch mit deren Hilfsbereitschaft rechnen. Sprachbarrieren werden oft schnell überbrückt, zumal man vielerorts auf deutschsprechende Polen trifft. Auf jeden Fall fühlt man sich, was die Landschaft, die Natur und die Menschen betrifft, hier rundum wohl.

Nach langjährigen eigenen Erfahrungen lade ich Sie deshalb herzlich zu einem Besuch über die Grenze nach Polen ein. Bis zu einem Wiedersehen im Sternberger Land, der heutigen Ziemia Lubuska, bin ich Ihr

Jörg Lüderitz

Das Land Sternberg

Es war ums Jahr 1270, als die dichten Waldungen des Landes Sternberg einen glänzenden Ritterzug sich durch die grüne Tiefe dahinbewegen sahen. Vom Ufer der Oder her, wo die unter dem Frieden der Burg Lebus befindliche Fähre sie über den breiten Strom geschafft hatte, waren die deutschen Herren mit den Kettenpanzern und den wallenden, bunten, vielfaltigen Gewändern über die Dörfer Leissowe und Storkowe die alte Straße nach Polen gezogen.

An der Spitze dieses Zuges ritt ein schon älticher, geistlicher Herr einher. Allein nur der Bischofshut und der weite gestrickte Mantel aus Purpurtuch bezeichneten ihn als Kleriker; dieser Geistliche war Herr Konrad, Erzbischof von Magdeburg, ein geborener Graf von Sternberg aus Westfalen …

Jetzt traten sie auf freies Feld hinaus. Aber das Ackerland war nicht bestellt. In der Ferne ragte es auf wie ein von Bäumen umschlossenes Dorf. »Wie heißt die Siedlung dort?» fragte der Erzbischof einen Mann in bäuerlicher Tracht, welcher als Führer des Zuges neben seinem Rosse einherschritt. »Hochwürdiger Herr und Vater«, erwiderte der Landmann, »es ist kein Wohnsitz der Menschen mehr, nur ein zerstörtes Dorf. Oh, sie saßen friedlich um den schönen See dort im Tale, den wir sogleich erblicken werden; der Fischfang ernährte sie zur Genüge. Da, in einer finstern, stürmischen Herbstnacht erschienen die polnischen Räuber. Der rote Hahn krähte und am nächsten Morgen gab es kein Dorf Jeserin mehr. »Herr Vogt«, wendet sich jetzt der Erzbischof zu einem der ritterlichen Herrn hinter sich, »das Dorf muß wieder aufgebaut werden: du sorgst mir dafür!« An einem schönen See liegt es. »Wohlan: fortan soll es Bischofssee heißen!«

»Hochwürdiger Herr, dein Wille geschehe!« antwortete der bischöfliche Vogt des Landes Lebus, welcher bei den Templern auf der Lietzen wohnte, weil auf dem Schloß Lebus bereits ein markgräflicher Vogt gebot.

An dem zerstörten Dorf vorüber zogen sie weiter, bis sie zu einem lieblichen Orte kamen. Zwischen hohen grünen Ufern zog ein klares Bächlein dorthin. Hier ließ Konrad von Sternberg halten. Dann sprach er zu seinem Gefolge: »Es ist kein schweres Land hier wie unsere Börde. Aber ländlich Wesen kann auch hier erblühen. Und zu diesem Werke sollt ihr helfen. St. Maria und St. Moritz werden den Höchsten bitten, daß er diesen Teil des Landes Lebus segne, welchem ich meinen Namen geben will: das Land Sternberg!«

Oskar Schwebel, 1887

Johannitersitz und Vogelschutzgebiet

Tour 1: von Kostrzyn (Küstrin) über Słońsk (Sonnenburg) nach Lemierzyce (Alt Limmritz) und zurück. Etwa 18 Kilometer für Fußwanderer oder etwa 50 Kilometer für Radwanderer.

Am Südrand des Warta- (Warthe-)Bruchs erwartet den naturverbundenen Touristen gleich hinter der Grenze das größte Vogelschutzgebiet Mitteleuropas für viele Arten von Durchzüglern und Brütern. Der geschichtsträchtige Ort Słońsk erinnert an den jahrhundertealten Sitz der Johanniter-Ballei Brandenburg und an die bis 1836 errichtete Königlich-Preußische Haftanstalt, in der von 1933 bis 1945 Gegner des Faschismus aus vielen europäischen Ländern inhaftiert waren. Schließlich lernt man als Endziel ein Dorf kennen, das zwischen Bruch und Hochebene über eine hübsche landschaftliche Lage verfügt.

Wer diese Region als Fußwanderer erkunden möchte, dem sei die Übernachtung im Hotel Chrobry in Słońsk (Sonnenburg) empfohlen. Vorteilhaft ist die An- und Abreise mit dem Autobus vom Bahnhofsvorplatz in Kostrzyn (Küstrin-Neustadt Hbf.), da man sonst die Strecke auf der Straße wandern müßte.

Vom Bushaltepunkt in Słońsk laufen wir in Fahrtrichtung über das Flüßchen Lenka (Lenze) bergan bis zum Hotel, um dessen burgähnliche Anlage herum sich Geschäfte, eine Tankstelle und das Restaurant gruppieren. Auf der anderen Straßenseite befinden sich auf dem Gelände der einstigen Haftanstalt ein schlichtes Denkmal und ein Museum zur Erinnerung an den Leidensweg der Häftlinge.

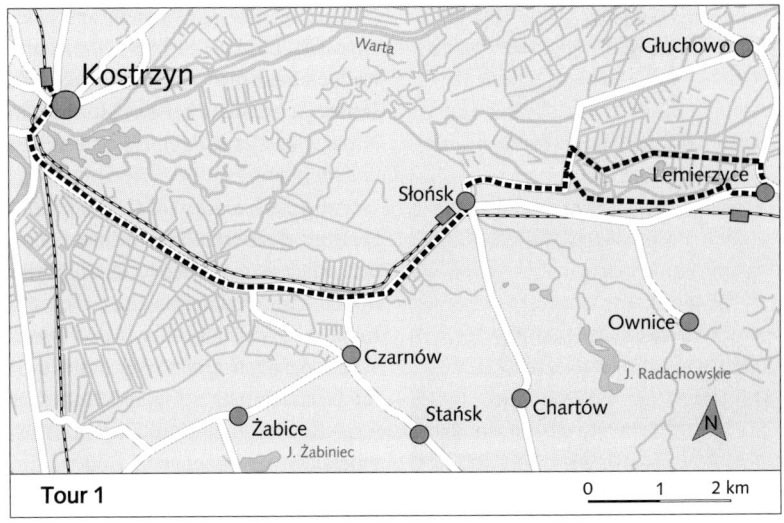

Begonnen wird die Tour mit einem Stadtrundgang. Er führt vor allem zur gotischen Kirche aus dem 15. Jahrhundert, deren Turm bereits von weitem gesichtet wurde. Wenn geöffnet ist, können unter anderem der Altar aus Alabaster, die Kanzel, das Gewölbe und die farbigen Glasfenster bewundert werden. Hinter dem Gotteshaus erblicken wir die Ruine des Johanniter-Schlosses. Nach näherer Betrachtung wird über die Brücke nach links auf einer schmalen Asphaltstraße der Weg stadtauswärts genommen. Sie verläuft parallel zur Chaussee.

Rechts und links erstrecken sich Felder, nach links blickt man in die weite Bruchlandschaft. Bald säumen Akazien den Weg. Talwärts wird eine Brücke erreicht, die den Kanal Postomia (Postum-Kanal, in der Weiterführung Basewitz-Kanal) überwindet. Die Straße führt als ›Roll-Damm‹ weiter zu den Ansiedlungen in das Bruch, die im 18. Jahrhundert exotische Namen wie Jamaika, Ceylon, Sumatra, Pennsylvanien, Florida oder Hampshire erhielten.

Wir biegen jedoch sogleich hinter dem Fließ nach rechts ab und erleben von nun ab auf einem schönen Dammweg die Natur direkt neben uns. Links erstrecken sich im Wechsel Wiesen- und Schilfflächen, rechts das mal schmale und dann wieder breitere Gewässer und dahinter ein bewaldeter Höhenzug. Rund sechs Kilometer lang ist dieses Landschaftsbild zu genießen. Nur aufgescheuchte Vögel unterbrechen die Stille.

Schließlich ist Lemierzyce (Alt Limmritz) erreicht. Noch sind wir im Bruch und erkunden das alte Schöpfwerk. Dann überqueren wir die Brücke und wandern neben dem Kopfsteinpflaster bergan. Links steht auf einer spornartigen Anhöhe die Kirche, die nach einem Brand von 1678 durch den Johanniter-Ordensmeister Moritz von Nassau wieder aufgebaut und später erweitert wurde.

An der Chaussee hat sich das Ortszentrum etabliert. Nach rechts beginnt der Rückweg zunächst entlang der Straße. Am Ortsausgang, wo sich ein Imbiß befindet, biegen wir den ersten Waldweg nach rechts ein. Bald umfängt uns hügeliges Gelände mit Kiefern, Buchen und alten Eichen. Maiglöckchen bedecken den Boden. Ein

Aussichtsturm an der Warta

Teil dieses Geländes mit Laubwald bis

Im Touristenzentrum von Słońsk

an den Kanal heran hier am südlichen Hang des Warthetales ist unter Naturschutz gestellt.

Der Weg windet sich nach links näher an das Gewässer heran, streckenweise wird es idyllisch. Dazu müssen Radfahrer ab und zu von ihrem Gefährt steigen. Das Gelände der Quellen ist überwuchert und die Inschrifttafel aus deutscher Zeit nicht mehr auffindbar. Auch der sagenumwobene Moritzstein, ein Findling, der einst kultischen Zwecken diente, ist zugewuchert und kaum zu entdecken.

Dann wird der Pfad wieder zu einem breiten Weg und endet letzlich auf der Straße neben der Brücke, an der unser Ausflug in die Natur begann. Nun wird auf dem gleichem Weg wieder zurückgelaufen. Bereits am Ortseingang von Słońsk nehmen wir jedoch den Fahrweg Richtung Hotel. Neben ihm sind Reste der alten Strafanstalt auszumachen.

Radwanderer können bereits auf dem Bahnhof Küstrin-Kietz aussteigen. Hinter dem Grenzübergang und vor dem Basar bleiben sie geradeaus. Rechts befand sich einst die Altstadt von Küstrin. Sie wurde im Zweiten Weltkrieg zerstört und danach abgetragen, die Freilegung der Fundamente und der teilweise Wiederaufbau schreitet jedoch voran. Wir nehmen die Straße in Richtung Poznań (Posen). Sie verläuft kilometerlang auf einem Damm zwischen dem Vogelschutzgebiet an der Warta, das im Frühjahr meistens wie ein riesiger See unter Wasser steht, und entlang der Niederung Richtung Oder. Nur in der Ferne sieht man rechts und links Anhöhen. Die Straße wird von Alleebäumen gesäumt. Bald taucht rechts das

Grundstück mit dem Turm der Vogelschutzwarte auf. Diese Einrichtung ist ein ›Zentrum der Verwaltung, Naturbildung und Naturforschung‹ für das bedeutsame Reservat. Hier kann man im Restaurant einkehren, eine geführte Exkursion in das Naturschutzgebiet unternehmen, vom Turm aus die Landschaft erkunden und sogar übernachten.

Ein weiterer, diesmal hölzerner Aussichtsturm folgt an der linken Straßenseite. Zweimal wird das Gleis der stillgelegten Bahnstrecke überquert. Dann sind wir in Słońsk und unternehmen nach links (Schild: Przyborów 1,5 km), an der Schule und am Friedhof vorbei, einen Abstecher in das Naturschutzgebiet hinein. Hinter dem idyllisch gelegenen Przyborów (Priebow) endet bei hohem Wasserstand der Weg. Sonst kann man auf der Betonstraße parallel zur Postomia (Postum) bis an das Totalreservat herankommen und die Vogelwelt beobachten. Die Unberührtheit und die Weite der Bruchlandschaft sind beeindruckend.

Anschließend fahren wir zur Kirche von Słońsk und unternehmen nun den bereits als Fußwanderung beschriebenen Weg. Am gleichen Tag schafft man es noch bequem zurück bis zum Ausgangspunkt an der Bahnstrecke auf deutscher Seite.

ℹ Anreise: ab Berlin mit der Regionalbahn 26 bis Kostrzyn (Küstrin-Neustadt Hbf.) oder Küstrin-Kietz.
Abreise: auf der gleichen Strecke.
Übernachtung in Słońsk im Zajazd Hotel Chrobry; im Bildungszentrum des Naturschutzgebietes an der Straße von Kostrzyn nach Słońsk; in Kostrzyn im Hotel Miejski, Straße Piastowska 8 und im Hotel Odra, Straße Asfaltowa 2.
Gaststätten in Kostrzyn, Słońsk, im Bildungszentrum und in Lemierzyce.
Museum auf dem Gelände des ehemaligen Konzentrationslagers Słońsk. Museum für Naturkunde in Kostrzyn, Straße Dworcowa 7.
Beobachtungsturm, Didaktik- und Übungsräume im Bildungszentrum des Naturschutzgebietes.

Jährlich im Oktober Treffen von Naturfotografen im Vogelschutzgebiet.
Ein lohnenswerter Abstecher besonders bei warmen Wetter führt zu den Seen Głebokie (Glambecksee) und Radachowskie (Radacher See) im Waldgebiet südlich der Wanderstrecke. Am letztgenannten großen Gewässer befindet sich auch ein Campingplatz.
Radwanderer, die eine größere Strecke absolvieren wollen, können diese Tour mit der Tour 2 kombinieren. Oder sie unternehmen einen Abstecher in die Bruchlandschaft nördlich der Fußwanderstrecke. Auch die Besichtigung des Altstadt- und Festungsgeländes von Kostrzyn ist interessant.

Sonnenburg in der Neumark

Wer ein Freund der Natur ist und eine längere Fußtour nicht scheut, kann von Sonnenburg aus eine Wanderung nach der beliebten Quelle antreten. Bei dem Vergnügungsorte Charlottenhof, dem Forsthause Sonnenburg und einem Rehnenmeister-Etablissement vorbei gelangt man in den kühlen Schatten des Waldes. Zur Linken bleibt nun während der ganzen Wanderung der Kanal, zur Rechten der Wald, bis wir endlich zu der schönen Stelle desselben gelangen, wo am Fuße eines Bergrückens, nur einige Meter vom Kanale entfernt, mehrere Quellen hervorsprudeln. Hier, wo sich Eichen, Buchen, Kiefern und Erlen allerlei zuraunen, wo im Frühlinge unter den Zweigen der Haselnußsträucher das Blau der lieblichen Leberblume mit der Bläue des Himmels wetteifert, senkt sich wunderbarer Friede in die Seele. Eine vor etlichen Jahren zwischen den Quellen errichtete Steintafel trägt die Inschrift: »Waldfrieden heißt dich willkommen hier, / Der Quell hat für dich sich geschmücket! / Ach schone und schütz seine liebliche Zier, / Daß lange noch sie dich beglücket!« Wenn wir noch eine Viertelstunde weiter wandern, finden wir mitten im Eichwald einen großen Granitblock, welcher allgemein Moritzstein genannt wird. Er soll häufig der Zielpunkt des Fürsten Moritz von Nassau gewesen sein, wenn derselbe einen Ausritt unternahm. Auf dem Steine befindet sich eine Vertiefung in der Gestalt eines Pferdehufes.

Eine andere schöne Waldpartie, die nur eine halbe Stunde von der Stadt entfernt ist, zeigt uns die Umgebung des Glambecksees. Sollten wir den Gang hierher im Monat Juni unternommen haben, und es gelüstet uns nach den aromatischen Walderdbeeren, so brauchen wir nur noch 20 Minuten in südlicher Richtung weiter zu wandern. Dann gelangen wir an den langgestreckten Radacher See, an dessen Ufern sich unter hohen Kiefern ganze Felder von Erdbeeren ausbreiten, deren Früchte zu der angegebenen Zeit ihre Reife erlangen. In der Nähe des Radacher Sees ist ein Reiherhorst, und romantische Berge und Schluchten laden uns zu weiterer Wanderung ein.

Doch schöne Waldpartien finden wir an vielen Stellen der Mark, während so ausgebreitete Wiesenflächen, wie wir sie gerade bei Sonnenburg haben, nicht so häufig anzutreffen sind.

E. Grasnick, Sonnenburg in der Neumark, in: Die Provinz Brandenburg in Wort und Bild. 2. Band Leipzig und Berlin 1912

Exotische Ortsnamen im Warthebruch

Als nach 1774 das an der Warthe durch Dämme und Melioration gewonnene Land mit etwa 15 000 Menschen besiedelt wurde, mußten für die neuen Dörfer Namen gefunden werden. Einige Orte wie Groß Friedrich oder Brenkenhofsfleiß benannte man nach den Schöpfern der Kultivierung, andere wie Neu Dresden, Mannheim oder Stuttgardt nach dem Herkunftsgebiet der Bauern. Schließlich fallen die vielen überseeischen Namen auf. Ihr Ursprung wird unterschiedlich interpretiert. Die nordamerikanischen Bezeichnungen sollten vielleicht Sympathiebekundungen mit der dortigen Befreiungsbewegung sein. Nachvollziehbar ist aber ebenso, daß die Siedler zunächst nach dort auswandern wollten, aber hier im preußischen Brandenburg günstige Bedingungen für ihr Leben geboten bekamen, also ihren Traum von Florida, Maryland, Neu-Amerika oder Philadelphia mit der eigenen Scholle verwirklichen konnnten. Aber möglicherweise wollte man sich nur von den benachbarten alteingesessenen Bauern abheben oder die hiesige Ähnlichkeit der Neubesiedlung mit Kolonisierungen in aller Welt verdeutlichen, denn es gab ja auch die Namen Ceylon, Jamaika und Sumatra. Der einzige Ort, der nach 1945 seinen Namen behielt, ist Malta.

Im Friedenswald und an pontischen Hängen

Tour 2: von Kostrzyn (Küstrin) über Górzyca (Göritz) nach Owczary (Ötscher) und zurück. Etwa 35 Kilometer.

Im Süden von Kostrzyn (Küstrin) breitet sich östlich der Oder eine weite fruchtbare Niederung aus. Sie wird von zwei Seiten durch Dämme und von einer dritten durch ansteigendes Gelände, zum ehemaligen Sternberger Höhenland übergehend, eingegrenzt. Etwa an dieser Umgrenzung verläuft unsere Tour als Rundwanderung. Ein Abstecher macht mit einem interessanten Naturschutzgebiet bekannt.

Da die Strecke für Fußwanderer lang ist, sollte man an einem Sommertag frühzeitig aufbrechen. Oder man nimmt sich zwei Tagesabschnitte mit Übernachtung in einfachen Quartieren in Owczary (Ötscher) vor. Mit dem Fahrrad dagegen sind zusätzliche Abstecher möglich.

Vom Ausgangspunkt Bahnhof Kostrzyn (Küstrin Neustadt Hbf.) begeben wir uns zuerst geradeaus und dann nach rechts zur Brücke über die Warta (Warthe) mit dem herrlichen Blick in das Flußtal. Anschließend wandern wir neben dem großen Basar und dem dazugehörigen Parkplatz entlang. Rechts gegenüber erblickt man die Reste der Altstadt von Kostrzyn. An der Straßengabelung bleiben wir links und überqueren zweimal Bahngleise. Nun ist die dammartige Allee erreicht. Bald ist das ›Zentrum der Verwaltung, Naturbildung und Naturforschung‹ für das linker Hand befindliche Vogelschutzgebiet in Sicht. Vom schmucken Turm herab kann die Landschaft gut überblickt werden.

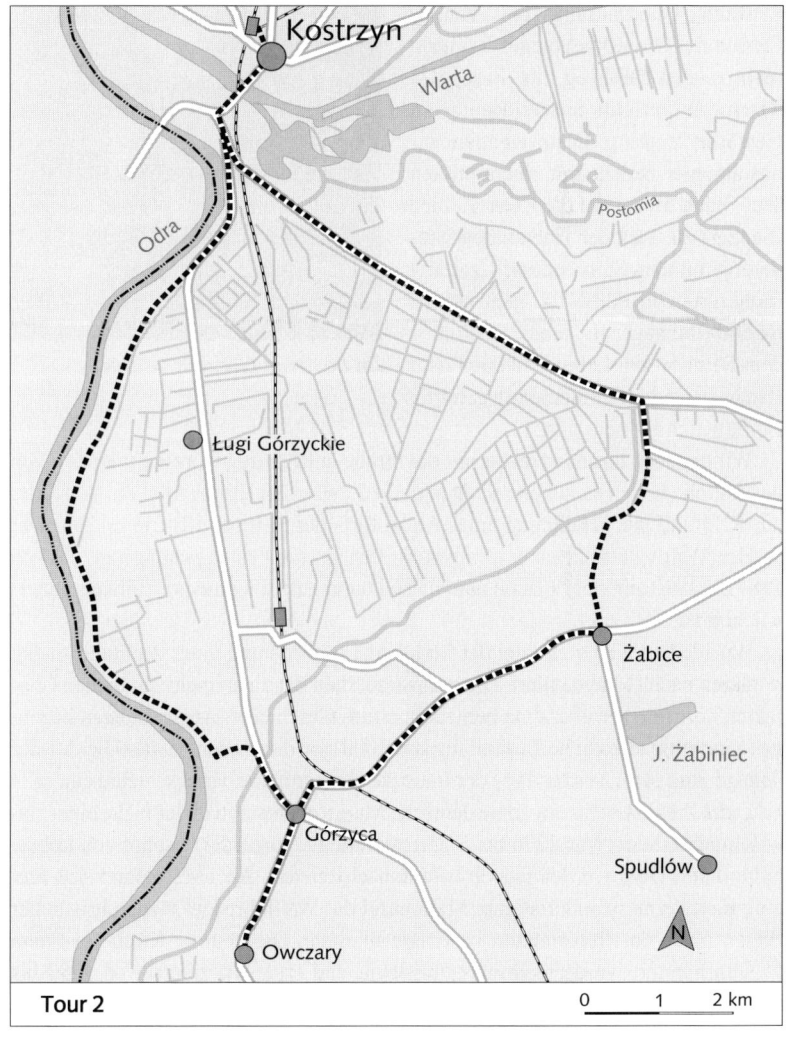

Tour 2

0   1   2 km

Ein Stückchen weiter befand sich früher der Haltepunkt ›Neu Amerika‹, heute Zabczyn, an der inzwischen stillgelegten Bahnstrecke. Schnurgerade zieht sich die Straße durch die ebene Landschaft. Links führen Wege in das Bruch, das im Frühjahr meist überflutet ist.

Nach Überquerung des Kanals Czerwony (Die Röthe) biegen wir nach recht in den Feldweg ein. Fast zwei Kilometer verläuft unsere Route am Gewässer entlang. Dann wenden wir uns an einer Brücke mit einem breiten Weg nach links auf den Ort Żabice (Säpzig) zu. Aus der fruchtbaren Niederung mit dem Storchendorf Czarnów (Schernow) in der Nähe geht es allmählich bergauf. In Żabice, das einst dem Bischof von Lebus und dann dem Landesherrn von Brandenburg gehörte, ist die Kirche sehenswert.

Im Park von Górzyca

Wir begeben uns nach rechts auf die Straße in Richtung Górzyca (Göritz). Von der Anhöhe bieten sich weite Sichten in die Landschaft. Links folgt ein Wald, der zur Rast und zur Erkundung eines Außenforts der Festung Küstrin einlädt. Der einzige Waldweg führt nach wenigen Metern auf die Festungsanlage zu, die von 1887 bis 1890 auf einer Fläche von 4,5 Hektar angelegt wurde und teilweise überwuchert ist.

Wir bleiben weiter entlang der Straße, die talwärts und unter der Bahnstrecke hindurch nach Górzyca führt. Diese einstige Stadt hat einen mehr ländlichen Charakter, verfügt aber über eine bemerkenswerte Geschichte. Ausgrabungen bezeugen eine bronzezeitliche Besiedlung um 1000 vor der Zeitenwende. Die Art der Anlage ging als ›Göritzer Typ‹ der Lausitzer Kultur in die Vorgeschichte ein.

Der 1258 erstmalig erwähnte deutsche Marktort entstand in der Nähe einer slawischen Siedlung. Von 1276 bis 1325 residierte in Göritz der Bischof von Lebus. Schloß und Dom wurden jedoch bald danach zerstört. Ab 1342 befand sich hier eine Kapelle mit wundertätigem Marienbild das Wallfahrtsziel vieler christlicher Pilger. Nach der Reformation beseitigte man sie. Die heutige Kirche aus dem 15. Jahrhundert wurde mehrmals umgebaut und erneuert, zuletzt von 1980 bis 1982. Im Park neben dem Gemeindeamt stehen einige hübsche Plastiken.

Der gemeinsam von Polen, Russen und Deutschen angelegte ›Friedenswald‹ liegt etwa zwei Kilometer südlich des Ortes. Neben der Straße dorthin in Richtung Słubice (Frankfurt-Dammvorstadt) verläuft ein Radweg. Kurz vor Owczary erblicken wir links auf den Höhen die als Symbol der Völkerverständigung 1992 gepflanzten Bäume. Über das Gelände des Gutshofes führt der günstigste Weg dorthin. Oben angekommen, eröffnet sich eine wundervolle weite Sicht auf die Oderlandschaft, ein breites Tal mit Wiesen, Feldern und Waldstreifen; am Horizont ist auf deutscher Seite die bewaldete Höhe des sogenannten Reitweiner Sporns auszumachen.

Im Zentrum des Dorfes wurde in jüngster Zeit das ›Muzeum Łaki‹, also ein Wiesen-Museum, eingerichtet. Der Lebuser Klub der Naturforscher lädt zur Besichtigung der Exponate zu Steppenlandschaften auf der ganzen Welt, zur

Vor dem Sturm

… Während dieses Gespräches hatten die beiden Freunde den Punkt erreicht, wo der am diesseitigen Abhang sich hinziehende Weg nach links sich abzweigte. Sie folgten dieser Abzweigung und standen nach wenigen Minuten auf dem Rücken des Hügels, den Fluß zu Füßen, jenseits desselben das neumärkische Flachland. Alles in Schnee begraben, die vereinzelten Terrainwellen in der weißen Fläche verschwindend. Auch das Oderbett hätte sich kaum erkennen lassen, wenn nicht inmitten desselben eine durch den Schnee hin abgesteckte Kiefernallee die Fahrstraße von Frankfurt bis Küstrin und dadurch zugleich den Lauf des Flusses bezeichnet hätte. Rechtwinklig auf diese Fahrtstraße stießen Queralleen, welche die Kommunikation zwischen den Ufern unterhielten und in ihrer Verlängerung, hüben wie drüben, auf spärlich verstreute Ortschaften zuführten.

Die Freunde freuten sich des Bildes, das, trotz seiner Monotonie, nicht ohne Reiz und einen gewissen Anflug von Feierlichem war: »Sieh hier drüben den verschneiten Häuserkomplex hinter den zwei schiefstehenden Weiden, das ist unser Ziel: Kirch-Göritz. Es wirkt in diesem Augenblick wie eine Biberkolonie, und doch war es ein Bischofssommersitz, der im 14. Jahrhundert ein noch berühmteres Marienbild hatte. Aber laß uns jetzt hinabsteigen; der Habicht, der dort fliegt, ist außer unserm Bereich.«
Kirch-Göritz bestand aus wenig mehr als einer einzigen Straße, die sich in ihrer Mitte zu einem schmalen, ein unregelmäßiges Dreieck bildenden Platz mit nur zwei Eckhäusern erweiterte …

Theodor Fontane, Vor dem Sturm, Berlin 1878

Exkursion in das nahe Naturschutzgebiet und sogar zum Übernachten in einfachen Quartieren ein.

Das Dorf Ötscher ist in die brandenburgisch-preußische Geschichte eingegangen. Hier hatte am 10. August 1759 vor der Schlacht bei Kunersdorf (Kunowice) die Kavallerie Friedrichs des Großen an einer Untiefe die Oder durchwatet. Wenige Tage später nach dem verlorengegangenen Kampf soll der König, völlig erschöpft und verzweifelt, in Ötscher angekommen und in einem Bauernhaus übernachtet haben.

Das Steppen-Reservat mit seiner interessanten Pflanzenwelt an den südlichen Berghängen erreicht man entweder am Friedenswald vorbei nach rechts oder weiter auf der Straße und von dieser wenig später am Hinweisschild links einbiegend. Auf dem Rückweg wird an der Kreuzung von Górzyca nach links abgebogen und bis hinter der Brücke über den Kanal Czerwony (Röthe) auf der Hauptstraße geblieben. Hier kann man sich im Wasser des Flüßchens erfrischen.

Dann führt die Straße nach links an Obstbäumen vorbei zur Oder. Am Grenzfluß ist noch die Anlegestelle der Fähre sichtbar, die früher zu den Wiesen der Göritzer am anderen Ufer und auf die Straße nach Reitwein führte. Immer entlang der Oder sowie am Damm gelangen wir an den Ausgangspunkt zurück. Das letzte Stückchen muß man allerdings neben der Straße wandern. Am kleineren Basar nach links einbiegend, kann man das Gelände der früheren Altstadt von Kostrzyn durchqueren. Dort, wo die ersten Häuser dieses ›Hiroshima an der Oder‹ neu entstehen, ist der Ring der Wanderung geschlossen.

An der Oder bei Górzyca

Anreise: ab Berlin mit der Regionalbahn 26 bis Kostrzyn.

Abreise: auf der gleichen Strecke.

Übernachtung: in Owczary touristische Quartiere im Muzeum Łaki (Wiesen-Museum); Bildungszentrum des Naturschutzgebietes an der Straße von Kostrzyn nach Słońsk. In Kostrzyn: Hotel Miejski Straße Piastowska 8, Hotel Odra, Straße Asfaltowa 2.

Gaststätten in Kostrzyn und im Bildungszentrum.

Geschäfte in allen Orten unterwegs.

Museum für Naturkunde Kostrzyn, Straße Dworcowa 7. Museum für das Steppen Reservat in Owczary.

Beobachtungsturm, Didaktik- und Übungsräume im Bildungszentrum des Vogelschutzgebietes.

Radwanderern ist ein Abstecher zum See von Żabice (Säpzig) gut einen Kilometer südlich des Ortes zu empfehlen. Zur Badestelle am Ostufer ist es allerdings fast nochmal so weit. Dort kann man auch sein Zelt aufschlagen. Wer mehr Kilometer fahren möchte, der kombiniert diese Tour mit der Tour 1. Für die Abkürzung der Tour ist die Route immer weiter entlang am Kanal Czerwony denkbar. Man erreicht dann Górzyce, ohne die Straße zu nutzen, kommt dann aber nicht durch Żabice und am Fort vorbei.

Zur Bischofsstadt an der Oder

Tour 3: von Frankfurt (Oder) nach Nowe Lubusz (Neu Lebus) und zurück. Etwa 22 Kilometer. Bei Weiterwanderung bis Kostrzyn (Küstrin) etwa 35 Kilometer.

Zwischen Słubice (Frankfurt-Dammvorstadt) und Kostrzyn (Küstrin) verläuft ohne Unterbrechung entlang der Oder ein Damm. Er schützt die angrenzenden Felder, Wiesen, Wälder und kleineren Orte in der weiten Niederung bei hohem Wasserstand vor Überflutungen. Neben ihm wurde vor allem für die Landwirtschaft eine unbefestigte Straße angelegt, die sich ausgezeichnet als Fuß- und Radweg eignet. Stellenweise kann sogar direkt auf dem Damm gewandert werden.

Ausgangspunkt ist der Bahnhof Frankfurt (Oder). Wir gehen geradeaus auf der Bahnhofstraße bis an die Ampel, dann rechts bis zur nächsten Kreuzung und von dort nach links, bis einige Querstraßen weiter rechts der Grenzübergang in Sicht kommt. Nach der Paßkontrolle befinden wir uns auf der Oderbrücke und genießen die Sicht über den breiten Strom. Hinter der Brücke bleiben wir gleich links auf dem Promenadenweg oberhalb des Flußufers.

Hier ist der Damm eine Begegnungs- und Flaniermeile. Viele Einkäufer und Spaziergänger sind unterwegs, andere machen auf den Bänken eine Ruhepause oder unterhalten sich. Wenige Meter weiter sehen wir nahe am Wasser ein ungewöhnliches Kunstwerk, einen überdimensionalen Stuhl mit bepflanztem kreisförmigen Umfeld. Er soll Menschen anlocken, sich hier zu treffen und über die deutschen Nachbarn am anderen Ufer nachzudenken.

Zur anderen Uferseite bietet sich ein imposanter Blick auf das Panorama von Frankfurt (Oder) mit Kirchtürmen, Häusern, Wirtschafts- und Hafenanlagen. Bald breitet sich zwischen Damm und Fluß eine Wiese aus. Über sie kann man auf Fußpfaden einen Abstecher zu einem Wäldchen unternehmen, muß aber, vorbei an

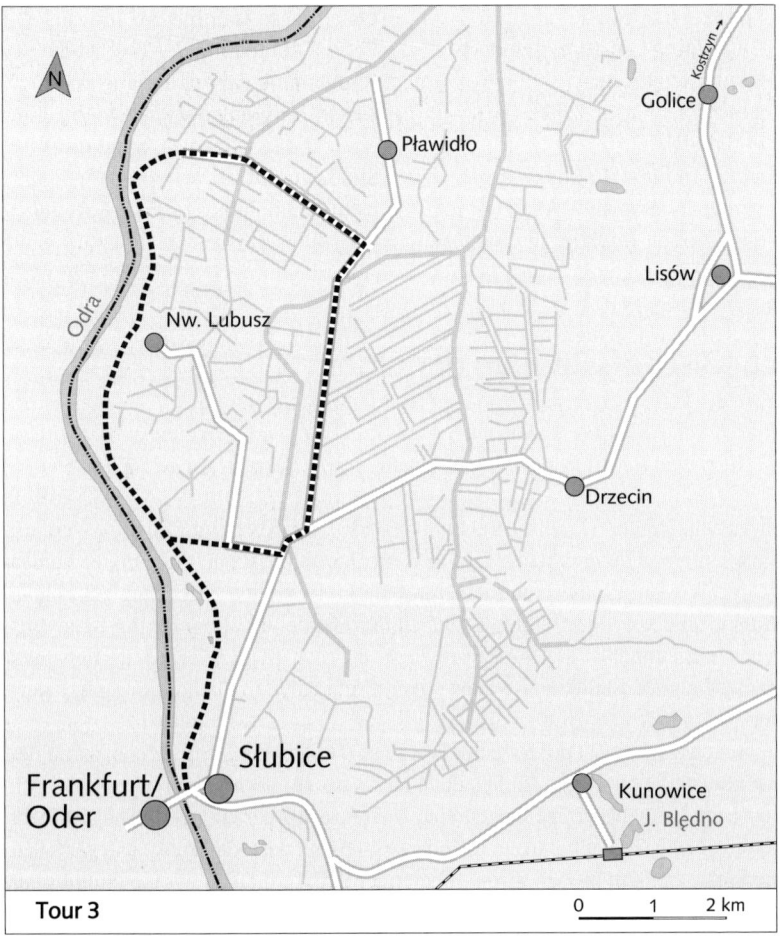

Tour 3   0   1   2 km

Blick über die Oder auf Lebus

Teichen, bald wieder zum Damm zurückkehren. Eine kurze Strecke befindet er sich nun direkt neben der Oder. Landeinwärts liegt die zu Słubice (Frankfurt-Dammvorstadt) gehörende Siedlung Krasickiego.

Dann folgen beiderseits Laubbaumbestände, Wiesen und Teiche. Der Weg auf dem Damm ist teilweise zugewachsen, da er wenig begangen wird. Nur ab und zu führen Fahrspuren hinüber, um die land- und forstwirtschaftliche Nutzung zwischen Damm und Fluß zu ermöglichen.

Schließlich lichtet es sich rechts, und Felder breiten sich aus. Zwischen ihnen liegen vereinzelte Bauerngehöfte. Sie gehören zu Nowe Lubusz (Neu Lebus). Hier reichte zur deutschen Zeit der Kreis Lebus mit der Gemarkung der gleichnamigen Stadt über die Oder hinweg. Landeinwärts haben wir jetzt eine weite Sicht auf die fruchtbare Ebene.

Etwas weiter führt die befestigte Straße über den Damm zur Stelle des einstigen Fährüberganges. Die verbreiterte Buhne ragt in den Strom hinein. Hier ist eine Pause angebracht, denn dieser Standort bietet nicht nur einen schönen Blick flußauf- und flußabwärts, sondern auch auf Lebus am gegenüberliegenden Ufer. Dort ist es hügelig, und die Gebäude mit der Kirche im Mittelpunkt sind auf terrassenförmigem Terrain angelegt.

Wenn wir nun den Rückweg antreten, wird landeinwärts zunächst nach links und dann nach rechts abgebogen. Auch eine Abkürzung auf unbefestigtem Weg ist möglich. Die Bauerngrundstücke hier gehörten zur ›Lebuser Loose‹, so benannt, weil einst die nach der Trockenlegung verfügbaren Felder und Wiesen ausgelost

Das Oderland

Das linke Oderufer ist hügelig und malerisch, das rechte flach und reizlos. Der eigentliche Uferrand ist aber auch hier steil und abschüssig und die Wandung mit Weidengebüsch besetzt. Inmitten des gelblichen, um die Sommerzeit ziemlich wasserarmen Stromes schwimmen Inseln, und die Passage erweist sich, selbst bei genauer Kenntnis des Fahrwassers, als sehr schwierig. Vorn am Bugspriet stehen zwei Schiffsknechte mit langen Stangen und nehmen beständig Messungen vor, die um so unerläßlicher sind, als die Sandbänke ihre Stelle wechseln und heute hier und morgen dort sich finden.

Fluß, Ufer, Fahrt, alles hat den norddeutschen Charakter. Inzwischen ist es heller geworden, die Nebel haben der Sonne Platz gemacht, und mit dem Sonnenschein zugleich dringen, von rechts her, Glockenklänge zu uns herüber. Dorf und Kirche aber sind nicht sichtbar. Ich horche eine Weile; dann wend ich mich an meinen Nachbar und frage: »Wo klingt das her?«

»Das ist die Siebenzentnerige von Groß-Rade – mein besonderer Liebling …«

Lebus, die Kathedralenstadt, ist hin, aber Lebus, das vor dreihundert Jahren einen fleißigen Weinbau trieb, das Lebus existiert noch. Wenigstens landschaftlich. Nicht daß es noch Wein an seinen Berglehnen zöge, nur eben der malerische Charakter eines Winzerstädtchens ist ihm erhalten geblieben. Die Stadt, so klein sie ist, zerfällt in eine Ober- und Unterstadt. Jene streckt sich, so scheint es, am First des Berges hin, diese zieht sich am Ufer entlang und folgt den Windungen von Fluß und Hügeln. Zwischen beiden, am Abhang, und, wie es heißt, an selber Stelle, wo einst die alte Kathedrale stand, erhebt sich jetzt die Lebuser Kirche, ein Bau aus neuer Zeit. Die ›Unterstadt‹ hat Höfe und Treppen, die an das Wasser führen; die ›Oberstadt‹ hat Zickzackwege und Schluchtenstraßen, die den Abhang bis an die Unterstadt herniedersteigen. Auf diesen Straßen und Wegen bewegt sich ein Teil des städtischen Lebens und Verkehrs. Gänse und Ziegen weiden dort unter Gras und Gestrüpp; Frauengestalten, zum Teil in die malerische Tracht des Oderbruchs gekleidet, schreiten bergab.

Theodor Fontane, Wanderungen durch die Mark Brandenburg, Zweiter Teil: Das Oderland, 1863

wurden. Das Dorf Pławidło (Tirpitz) bleibt abseits links liegen. Abwechselnd haben wir Ackerland, Wiesen und Schilfflächen neben uns, dazwischen auch Baumgruppen.

Der Weg führt auf eine breitere Chaussee, auf der wir nach rechts einbiegen. In der Ferne kommen die Türme von Frankfurt in Sicht und am Horizont der weiten Niederung vor uns bewaldete Hügel. Auf schnurgerader Straße gehen wir unter schattenspendenden Bäumen auf Słubice zu.

Schließlich stoßen wir auf die aus Kostrzyn kommende belebte Chaussee. Auf ihr bleiben wir nur eine kurze Strecke. Dann kann man nach rechts auf die nächste Nebenstraße abbiegen. Vorbei an einer Kapelle und einem Teich gelangen wir geradeaus zum Oderdamm, auf dem nach links der Weg zur Grenzbrücke führt. Hier außerhalb des Stadtzentrums bestimmen Schrebergärten und neue Eigenheime das Bild. Dazwischen fällt die Heilig-Geist-Kirche in der modernen Architek-

Lebus in der Geschichte

Bereits um das Jahr 1000 vor Christus soll auf dem Lebuser Burgberg eine bronzezeitliche Befestigung bestanden haben. Der Name stammt wahrscheinlich vom Wilzenfürsten Liubus, der 823 erwähnt wurde. Damals waren die germanischen Bewohner längst abgewandert, und Slawen hatten sich angesiedelt.

Lebus wurde zu einem wichtigen Paßübergang und besaß Schlüsselfunktionen für den wirtschaftlichen Austausch, vor allem aber bei den Auseinandersetzungen über großpolnische, schlesische und deutsche Machtinteressen. Um 1125 wurde der Ort Sitz eines polnischen Bistums, dessen Region sich im Westen bis an die Spree und Löcknitz, im Norden bis an die Mýśla (Mietzel), im Osten bis zur Obra und im Süden bis zur Pliszka (Pleiske) erstreckte. Um 1250 kam das Gebiet in den Besitz des Erzbistums Magdeburg und der Markgrafschaft Brandenburg, die wenige Jahrzehnte später vertraglich vereinbart Alleinherrscher wurde. Bald verlor Lebus seine Bedeutung. Dafür wurde das 1253 mit Stadtrechten ausgestattete Frankfurt Zentrum der Wirtschaft und Verwaltung. Der Sitz des Bistums wurde 1385 nach Fürstenwalde verlegt.

Lebus blieb schließlich landwirtschaftlich geprägt, bis zum 17. Jahrhundert wurde Wein angebaut, in einem Kietz lebten die Oderfischer. Die Bezeichnung Lebus blieb bis 1950 noch für einen Kreis erhalten, beschränkte sich aber auf den Teil der historischen Landschaft, der westlich der Oder liegt. Seit 1945 nennen die Polen das Gebiet östlich des Flusses und auch die Wojewodschaft Lubusker Land.

tur eines Schiffskörpers auf. Vielleicht unternimmt man dorthin und zu einem nahen Basar einen Abstecher, bevor über den Fluß und durch das Frankfurter Stadtzentrum das Ziel, der Bahnhof, erreicht wird.

Wer sich eine längere Tour vorgenommen hat, der bleibt ab Nowe Lubusz (Neu Lebus) weiterhin auf dem Oderdamm. Streckenweise ist der Weg als Allee gestaltet, und ab und zu sollte man über den Fluß hinweg den Blick auf die gegenüber liegenden Höhen des ›Reitweiner Sporns‹ und die Niederungen wagen. Ortschaften werden nicht berührt. Vom einstigen Fährübergang bei Górzyca (Göritz) ist ein Abstecher in diese Gemeinde möglich.

Der letzte Abschnitt von Kostrzyn verläuft neben der Straße und hinter einem Basar durch das Gelände der einstigen Altstadt. Dort kann man sich entscheiden, ob über die Brücke der Warta (Warthe) der polnische Bahnhof als Endziel gewählt wird oder durch die Grenzabfertigung der etwas weiter entfernt liegende Bahnhof Küstrin-Kietz auf deutscher Seite.

---

i Anreise: ab Berlin oder Cottbus mit dem Regionalexpreß 1, ab Eberswalde mit der Regionalbahn 60 bis Frankfurt (Oder).
Abreise: auf den gleichen Strecken oder ab Kostrzyn mit der Regionalbahn 60 nach Berlin.
Übernachtung: in verschiedenen Hotels und Pensionen von Frankfurt (Oder), Słubice und Kostrzyn.
Gaststätten: in Frankfurt (Oder), Słubice und Kostrzyn. Unterwegs keine Gaststätten und Geschäfte.
Die nur ebene Strecke verläuft größtenteils auf unbefestigten Wegen, ist aber trotzdem für Radwanderer gut geeignet. Sie können diese Tour mit der Tour 2 zu einer längeren Strecke kombinieren.

Wo Friedrich der Große geschlagen wurde

Tour 4: von Frankfurt (Oder) nach Kunowice (Kunersdorf) und zurück. Etwa 24 Kilometer, bei Beendigung in Kunowice etwa 18 Kilometer.

Mit dieser Wanderung lernen wir Słubice (Frankfurt-Dammvorstadt) mit seiner nächsten Umgebung kennen. Das nur gut fünf Kilometer östlich der Grenze gelegene Kunowice ist durch eine der blutigsten Schlachten des Siebenjährigen Krieges in die Geschichte eingegangen. Die Tour verläuft nach dem Verlassen des städtischen Geländes zunächst in der Niederung, dann entlang von deren Höhenrand und schließlich auf der Hochebene durch abwechslungsreichen

Wald, unterbrochen nur von diesem einen Dorf und einem stillgelegten Flugplatz.

Ausgangspunkt ist wie bei der Tour 3 der Bahnhof Frankfurt (Oder). Wenn das Zentrum der Stadt durchquert und die Oderbrücke passiert ist, bleiben wir geradeaus. Links folgt der Platz Przyjaźni (Roßmarkt). Ein Stückchen weiter an den Grünanlagen vom Platz Wolności (Neuer Markt) biegen wir nach links ab. Am nächsten Platz, Bohaterow (Zum Neuen Markt gehörend) mit dem Kriegerdenkmal geht es nach rechts in die Straße Narutowicza (Wiesenstraße). Diese stößt auf die Straße Rzepińska (Reppener Straße), die nun immer geradeaus stadtauswärts führt.

Rechter Hand vom nun bald unbefestigten Weg ziehen sich Schrebergärten hin, links Wiesen und fruchtbare Felder. Hier ist Bruchniederung, und die Stille der Natur umfängt uns. Auf einer Pappelallee bewegen wir uns immer mehr auf bewaldete Anhöhen zu. Wenn deren Rand erreicht ist, biegen wir nach links ab. Die entgegengesetzte Richtung führt am Stadion und Basar zur Oder zurück.

Unser gerade noch in der Niederung verlaufene Weg wird nun von mehreren Quellgewässern überquert und ist nach Regenfällen schwierig zu begehen. Erst wenn sich der Wald lichtet, wird der Boden trockener. Links über die Niederung erhebt sich das Panorama von Frankfurt (Oder), rechts zwischen den trockenen Grashängen wird Kies abgebaut. Dort folgt Kiefernforst.

Schluchtartige Wege führen bergan nach Kunowice. An einem von ihnen, dem früheren Kuhgrund, würde im September 1999 zur Erinnerung an den hier 1759

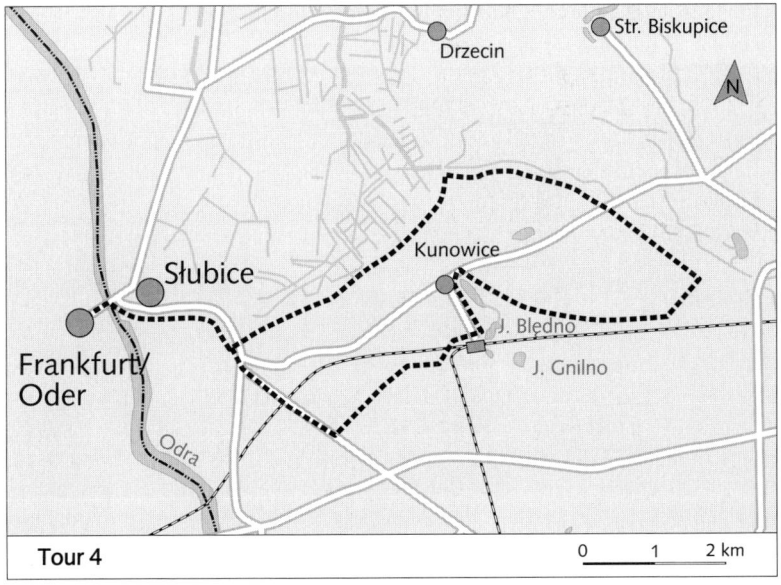

Tour 4

0   1   2 km

in einer Schlacht tödlich verwundeten Dichter Ewald von Kleist ein Denkmal eingeweiht. Der Weg ist bald mit Steinen gepflastert und biegt schließlich nach rechts in den Wald ein.

Da es jedoch nicht weit bis zur ›Rancho‹ ist, wollen wir vorher einen Abstecher zu diesem hübsch gelegenen kleinen Erholungszentrum unternehmen. Hier an der Lisia (dem Hühnerfließ) kann man nicht nur einkehren und übernachten, sondern auch schwimmen, angeln und reiten. Die einstige Große Mühle ist ein geeigneter Ort zum Ausspannen.

Zurück gelangen wir auf unserer Wandertrasse nun durch urwüchsigen Waldbestand im Tal des Flüßchens. Die Markierung des Fernwanderweges folgt links einem schmalen Pfad. Wir bleiben jedoch auf dem breiten Weg und wenden uns an einer Gabelung, an der es bergan geht, nach rechts. Durch hügeliges Gelände, früher Waldberge genannt, wird schließlich die Chaussee Kunowice-Nowe Biskupice (Neu Bischofssee) erreicht und überquert. Etwas weiter links befindet sich ein Rastplatz. Jenseits der Straße haben wir links herrlichen Buchenwald und rechts teilweise verödete Feldflächen neben uns.

Hinter einem Forstgrundstück ist nach rechts, dann nach links abzubiegen. Vor der Bahnstrecke geht es zweimal nach rechts herum. Birken bestimmen nun als Alleebäume das Bild, zwischen den Kiefern finden sich aber auch immer wieder Buchen und Akazien. Dann folgen rechts Felder, und das Dorf Kunowice ist bald in Sicht. Dort stößt man auf den Ortssee, an dessen Ende der Weg kurz vor der Hauptstraße nach links und noch ein Stückchen am Gewässer entlang in Richtung Bahnhof folgt. Das letzte Ende dorthin ist links einschwenkend eine asphaltierte

Der kleine Sporthafen von Słubice

Von Frankfurt nach Trettin

Kleistturm, Kunersdorf. Von der Oderbrücke Straßenbahn bis zum Schützenhaus; auf dem Damm rechts längs der Krossener Straße und Chaussee in 20 Minuten zum Schützenhaus am Ende der Dammvorstadt.

5 Minuten hinter dem Schützenhaus beim Knie der Chaussee benutzen wir halblinks den mit einer Birkenallee eingefaßten Trettiner Landweg, und, wo er links einbiegt, geradeaus den Weg, der auf bewaldete Höhen ansteigt: rechts der Anfang der Judenberge, links der der Laudonsberge (auf beiden schöne Promenaden). Beim Dammkirchhof links gerade aus und nachher (Wegweiser) nochmals links zum Kleistturm. Am nördlichen Abhang der Höhe, am Trettiner Wege, liegt Gehöft Hängebusch (Erfrischung).

Der von Anlagen (Erfrischung) umgebene Kleistturm (1/2 Stunde vom Schützenhause; Eintritt 10 Pfennig), so genannt nach dem Dichter Ewald von Kleist, bietet bei einer Höhe von 62 m eine schöne Aussicht: südwestlich der Eichwald und die Höhen bei der Buschmühle; westlich jenseits der Stadt das Booßener Gehege; nördlich Lebus und die Reitweiner Ecke, davor die Stadtwiesen, begrenzt von den Trettiner Höhen. Im Osten erblickt man das Feld der Schacht bei Kunersdorf am 12. August 1759; im Vordergrund der Laudonsgrund; weiter hinten nach rechts, jenseits der Drossener Chaussee, der Gr. Spitzberg (Mühle), dann Dorf Kunersdorf, von dem sich der nicht sichtbare Kuhgrund ebenso wie der Laudonsgrund zum Trettiner Wege hinabzieht; jenseits des Dorfes links der Mühlberg, rechts der mit Akazien bestandene Kl. Spitzberg oder Seydlitzberg; endlich die städtische Forst.

Vom Kleistturm nach Kunersdorf (50 Minuten), Auf dem Promenadenwege am Waldrande zur Drossener Chaussee und auf ihr weiter oder vom Hängebusch auf dem Trettiner Wege bis zum (35 Minuten) Kuhgrunde und dann diesen rechts hinauf. Der Trettiner Weg geht jenseits des Kuhgrundes unter dem Mühlberg vorbei zur großen Mühle, wo Soltikow seinen Sieg vier Tage lang feierte, dann über die Trettiner Höhen (55 Meter) nach (35 Minuten) Trettin.

Emil Albrecht, Frankfurt a. O., in: Wanderbuch für die Mark Brandenburg. Östliche Hälfte, Berlin 1907

Pappelallee. Nun kann die Wanderung beendet und mit dem Zug nach Frankfurt zurückgekehrt werden. Das Bahnhofsgebäude ist imponierend groß; es war einst eine wichtige Grenzstation.

Wer noch weiter wandern möchte, läuft nach rechts die Gleise entlang, überquert die Strecke und biegt gleich dahinter durch einen Grundstückshof nach rechts ab. Neben der stillgelegten Nebenbahnstrecke nach Cybinka (Ziebingen) ist danach der Waldweg streckenweise sandig. Er mündet direkt auf das Gelände des ehemaligen Frankfurter Flugplatzes, der aber bis 1990 fast nur militärisch genutzt wurde. Heute finden sich lediglich Relikte der Anlagen vor. Nach der Überquerung gelangt man zwischen flachen Gebäuden auf einer Kopfsteinstraße zur Chaussee, die nach rechts bergab auf Słubice zuführt.

Unterwegs ist die Einkehr in einem Restaurant möglich. Vom großen Verkaufsbasar läuft man bis zur Grenzbrücke auf dem Dammweg mit einer schönen Sicht über die Oder nach Frankfurt hinüber.

 An- und Abreise: ab Berlin oder Cottbus mit dem Regionalexpreß 1, ab Eberswalde mit der Regionalbahn 60 bis Frankfurt (Oder).
Übernachtung: In mehreren Hotels und Pensionen von Frankfurt (Oder) und Słubice sowie im Urlauberobjekt ›Rancho w Drzecine‹.
Gaststätten: in Frankfurt (Oder), Słubice und Kunowice sowie in der ›Rancho‹.

Radwanderer können diese Tour mit der Tour 3 oder 5 zu einer Tagestour kombinieren. Sie verläuft größtenteils auf Feld- und Waldwegen. Lohnenswert ist ein etwa acht Kilometer weiter Abstecher zu einem idyllisch gelegenen Badegewässer (früher Scheiblersee) hinter Nowe Biskupice. Dazu muß man rechts von der Chaussee nach Rzepin den ersten breiten Waldweg einbiegen.

Der Oderdurchbruch an der ›Steilen Wand‹

Tour 5: von Frankfurt (Oder) nach Urad (Aurith) und zurück. Etwa 20 Kilometer, für Radwanderer etwa 40 Kilometer.

Südlich der Städte Frankfurt (Oder) und Słubice (Frankfurt-Dammvorstadt) hat sich die Oder, als sich am Ende der Eiszeit die Gletscher zurückzogen, einen Durchbruch nach Norden hin erzwungen. Während die Urstromtäler Westpolens und Norddeutschlands von Osten nach Westen verlaufen, beginnt hier abweichend davon eine Süd-Nord-Variante des Flußtales. Bei Lossow, wo sich auf deutscher Seite ein vorgeschichtlicher Burgwall befindet, wurde ein Höhenzug gestreift. Steile Felsen ragen am Rand des Stromes empor. Das ist die sogenannte ›Steile Wand‹ von Lossow. Man kann sie während dieser Wanderung gut vom gegenüberliegenden Ufer betrachten.

Wie bei den Touren 3 und 4 beginnt die Wanderung am Bahnhof von Frankfurt und führt zunächst durch das Stadtzentrum zur Grenzbrücke. Wenn wir gleich am anderen Ufer rechts auf den Promenadenweg einbiegen, sehen wir links neben uns die modernen Gebäude des Collegium Polonicum, der polnischen Ergänzung zur Frankfurter Universität Viadrina.

Wir laufen nun immer auf dem Damm. Rechts geht es zum Passagierhafen hinunter, dahinter breiten sich Wiesen aus. Über sie und auf den Eichwald kann man auf Fußpfaden nur bei niedrigem Wasserstand wandern. Sicherer ist der Dammweg. Erst nachdem dieser hinter dem Basar und einer Niederung mit Biotopen

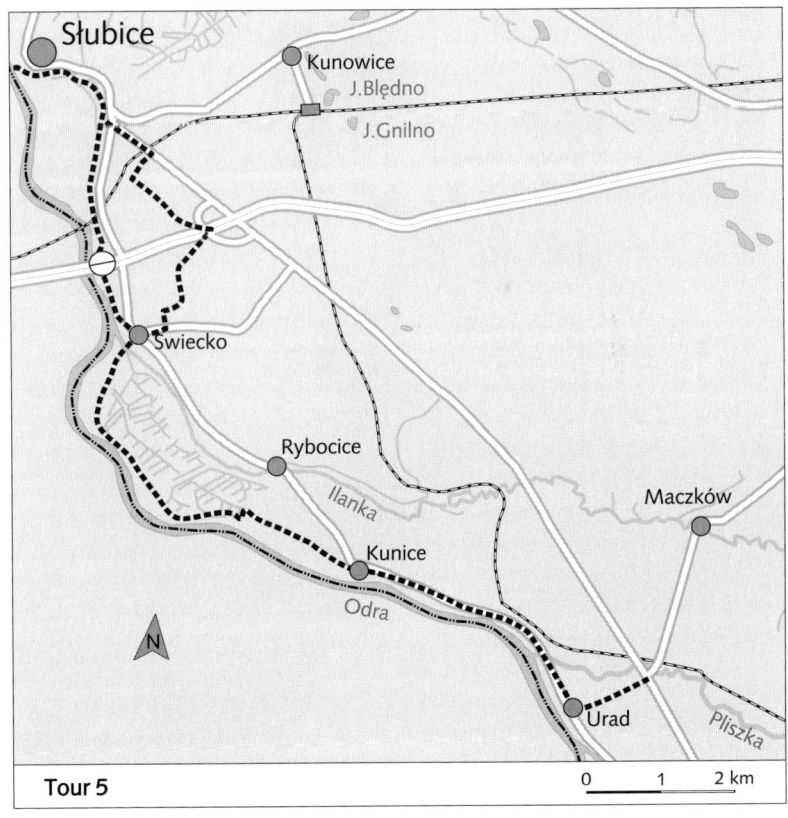

Tour 5

0　1　2 km

Die sogenannte Tieck-Eiche bei Cybinka

rechts und links endet, biegen wir nach rechts auf eine Betonstraße ein. Sie führt auch bald durch den Laubwald mit seinem teilweise alten Baumbestand und dann unter der Bahnstrecke hindurch. Dahinter lohnt ein Abstecher auf die feuchten Wiesen rechts mit dem Ausblick auf die Eisenbahnbrücke aus dem Jahre 1870.

Wir müssen jedoch auf den Fahrweg zurück, halten uns rechts und gelangen an die Autobahnbrücke. Sieben elegante Bögen überspannen den Strom. Für Fuß- und Radwanderer ist ebenfalls Platz hindurch. Sie biegen dann links ab und sehen eine Gruppe von Pappeln. Sie umrahmen ein Mahnmal von 1977 zur Erinnerung an die Opfer eines Arbeitslagers in der faschistischen Zeit. Es folgt das Dorf Swiecko (Schwetig), das wir nach rechts durchqueren und an dessen Ende wir auf die Ilanka (Eilang) stoßen.

Über die Brücke hinweg ist eine weite fruchtbare Niederung in Sicht. An ihrem Rand verläuft rechts zum Schutz gegen Oderhochwasser ein Damm und neben diesem ein unbefestigter Fahrweg. Zu Fuß kann man oben laufen und erlebt auf diese Weise am besten die Schönheiten am Oderpaß. Vor allem für Botaniker ist die Landschaft mit ihrer vielseitigen Vegetation, darunter seltene und geschützte Pflanzen, eine wahre Fundgrube.

Bald sehen wir den imposanten Berghang an der Oder, die ›Steile Wand‹. Dazwischen liegt vor dem Fluß eine Niederung, die man aber nur bei niedrigem Wasserstand auf schmalen Pfaden überwinden kann. Ein Stückchen weiter verläuft ein breiter Feldweg nach links immer geradeaus auf das Dorf Rybocice (Reipzig) zu. Dort kann man sich in der Ilanka erfrischen, die Kirche besichtigen und an der Straße nach Kunice (Kunitz) weiterwandern. Der naturverbundenere und etwas kürzere Weg führt allerdings am Oderdamm weiter. In Kunice finden wir eine breite Fahrbahn bis an den Fluß heran vor. Sie war zu DDR-Zeiten für die Oderüberquerung zu militärischen Zwecken angelegt worden.

Bis Urad (Aurith) verläuft die Straße dicht an der Oder. Ab und zu kann man hinüberblicken. Dann nähern wir uns dem gewundenen, aber stark zugewucherten Tal der Pliszka (Pleiske). Vor der Brücke kann man auf einem Fußweg bis zu deren Mündung in die Oder gelangen. Dann sind wir im Dorf und kommen nach rechts an den einstigen Fährübergang. Bis zur Teilung der Gemeinde 1945 gab es einen regen Übersetzbetrieb zu den Wiesen, Feldern und Gehöften sowie zu den Nachbarorten auf dem westlichen Ufer.

Die östliche Seite ist ein Höhenrand mit viel Wald und weniger gutem Boden. Gesiedelt wurde hier bereits in der Bronzezeit. Ausgrabungen brachten einen Urnenfriedhof zutage. Die Funde wurden als ›Aurither Typus‹ der Lausitzer Kultur zugeordnet. In Urad hatten sich auch lange Zeit slawische Traditionen erhalten, vor allem in den Trachten. Die Einwohner in früherer Zeit galten ähnlich den Schildbürgern als einfältig und wurden von den Frankfurter Bürgern und Studenten gern verspottet.

Wie die Oder rauscht

Am rechten Ufer des großen Stromes entlang, welcher dort seine grauen Fluten durch den östlichen Teil der Norddeutschen Tiefebene der Ostsee entgegenwälzt, war ein hoher Erddamm aufgeworfen, der das rechtsseitige, flache Ufergelände vor den Überschwemmungen des Flusses schützen sollte, wenn dieser im Frühjahre mit Hochwasser ging. Der Damm war unabsehbar lang, denn auf Meilen hin ist das rechte Ufer dort ganz flach, während das linke in Abhängen herabsteigt, an deren Fuße die Stadt gelegen war … An einzelnen Stellen trat der Schutzdamm unmittelbar an den Strom heran, seinen Windungen folgend, wie ein Sicherheitswachmann, dem ein gefährlicher Patron zur Aufsicht anvertraut ist, und der ihn nicht aus den Augen lassen will. An anderen Stellen blieben zwischen Wasser und Damm größere oder kleinere Stücke Erdreich, welche man der jährlich wiederkehrenden Überschwemmung preisgab. Dies waren verwilderte, wüste Stücke, auf denen nichts gedieh, weil die Sandablagerungen des Stromes keine Frucht aufkommen ließen, und wo nur ein Gestrüpp von Weiden und Erlen wuchs. Der Strom nämlich, wie man in dieser Gegend zu sagen pflegt, »hatte es in sich«. Im Sommer oft so flach, daß die Schiffer ihre Kähne nur mit Mühe und Not auf ihm weiterstoßen konnten, kam er im Frühjahre und manchmal, wenn es in den Gebirgen geregnet hatte, auch später noch, plötzlich wild und toll einhergetanzt. Dann wurde sein mürrisch graues Wasser braun und gelb, Blasen stiegen auf und quirlten zusammen, und soweit sie vermochten, griffen die Arme des landschleichenden Gesellen über das flache Ufer hinaus wie die eines Bettlers, der plötzlich reich geworden ist und nun gleich alles haben möchte. In solchen Zeiten war es dann auf dem Damm besonders schön: man sah, wie das gierige Gewässer an den Erdwällen höher und höher klomm, und wenn der Nordwind über das flache Land dahergefegt kam und die widerspenstigen Wellen des Flusses zurück und an die Wände des Dammes warf, wenn dann Sturmesgebrause und Wassergetöse zu einem öden, einförmigen, den ganzen Raum zwischen Himmel und Erde erfüllenden, mächtigen Naturlaute ineinander tönte, dann fühlte man etwas vom Urzustande der Elemente und dem schaudernden Dufte der Gefahr.

Ernst von Wildenbruch, Wie die Oder rauscht, aus: Kindertränen, 1884

Wir laufen die Dorfstraße nach links. Bis zur Chaussee Frankfurt-Krosno (Crossen) ist es eineinhalb Kilometer weit. Dort gibt es einen Imbiß. Die Rückfahrt nach Słubice (Frankfurt-Dammvorstadt) kann von hier mit dem Bus unternommen werden. Wenn noch Zeit ist, bietet sich der schöne Spazierweg am Uferbereich der Pliszka an.

Radwanderer fahren auf der Straße zurück, nehmen aber zunächst nach rechts den Umweg über Maczkow (Matschdorf) und von dort parallel zur Ilanka einen idyllischen Waldweg. Wo er an die Hauptstraße stößt, befindet sich ein mit einer Schriftplatte versehener Gedenkstein zur Erinnerung an den hier einst befindlichen Ort Pulverkrug mit seiner Papierfabrik. Der Ort ist nach dem Ende des Zweiten Weltkriegs vollkommen verschwunden. Nach streckenweise hügeligem Gelände gelangt man am Terminal für den Fracht-Grenzverkehr vorbei und über die Fernstraße und durch schönen Buchenwald nach Słubice.

 An- und Abreise: ab Berlin oder Cottbus mit dem Regionalexpreß 1, ab Eberswalde mit der Regionalbahn 60 bis Frankfurt (Oder).

Übernachtung: in mehreren Hotels und Pensionen von Frankfurt und Słubice.

Gaststätten: in Frankfurt, Słubice und Urad.

Geschäfte: außerdem in Swiecko, Rybocice und Kunice.

Ebenfalls rund 20 Kilometer beträgt die Strecke, wenn man nur bis zur ›Steilen Wand‹ und von dort wieder zurück wandert .

Wer als Radfahrer mehr Kilometer machen möchte, dem sei die Weiterfahrt bis Cybinka (Ziebingen) empfohlen. Hinter Urad bleibt man in Odernähe. Nach Waldwegen wird rechts ein Kanal überquert. Neben ihm verläuft etwa fünf Kilometer lang der Weg bis Bieganów (Buschvorwerk). Rechts liegt die weite Bruchlandschaft, links ein urwüchsiger, sanft ansteigender Wald. Am Vorwerk nach links erhebt sich die Tieck-Eiche, benannt nach dem hier einst weilenden Dichter der Romatik. Auf der Straße sind es zum Zentrum von Cybinka (Ziebingen) noch fast zwei Kilometer. Das große Dorf bietet viele Geschäfte, Gaststätten und auch Unterkünfte. Direkt auf der Straße bis nach Frankfurt (Oder) sind es etwa dreißig Kilometer. Hier schließt sich auch die Tour nach Rzepin an (Nr. 8).

Auf zur Maiblumenstadt

Tour 6: Von Frankfurt (Oder) nach Ośno Lubuskie (Drossen). Etwa 35 Kilometer, für Radwanderer etwa 42 Kilometer.

Diese Tour folgt dem ersten Abschnitt des europäischen Fernwanderweges 11 auf polnischem Gebiet. Aus der Bruchlandschaft heraus gelangt man durch hügelige Wälder zu großen landwirtschaftlich genutzten Flächen, um dann wiederum durch ein abwechslungreiches Waldgebiet das Ziel Ośno (Drossen) zu erreichen. Unterwegs werden zwei Badeseen und ein Naturschutzgebiet berührt. Für die Fußwanderung ist ein langer Tag einzuplanen, aber in den vier Dörfern unterwegs bieten sich Möglichkeiten, Proviant einzukaufen oder sogar einzukehren.

Die Tour beginnt am Bahnhof Frankfurt (Oder). Nach der Durchquerung des Zentrums bleiben wir hinter der Grenzbrücke bis zum Basar wie bei der Tour 5 auf dem Dammweg. Wo die Verkaufsstände enden, muß die Straße überquert werden. Ein Stückchen weiter geht es nach rechts und gleich darauf nach links. Nun befinden wir uns neben einem Sportgelände, das bis 1927 als ›Ostmarkstadion‹ errichtet worden war. Es schließen sich nach links ein Campingplatz und rechts das Schwimmbad und ein Hotel an. Wir halten uns geradeaus. Während auf der einen Seite zahlreiche Garten- und Hausgrundstücke folgen, ist die andere Seite bewaldet und hügelig.

Wenn der Ort verlassen wird, breitet sich links eine weite Bruchlandschaft aus, rechts macht der Wald vorübergehend unbebauten Hügeln mit Kiesabbau Platz. An der Stelle, wo ein Weg nach Kunowice (Kunersdorf) bergan führt, wurde im September 1999 ein Gedenkstein mit polnischer und deutscher Inschrift eingeweiht. Er erinnert daran, daß hier am 12. August 1759 während des Siebenjährigen Krieges der Offizier und Dichter Ewald von Kleist tödlich verwundet wurde.

Obgleich wir uns auf einem internationalen Wanderweg befinden, ist die Markierung äußerst lückenhaft, beispielsweise wenn die Route bei einer Gabelung nach rechts einbiegt. Radwanderer bleiben diesmal links. Sie fahren am Freizeitzentrum an der ›Großen Mühle‹ vorbei und gelangen, sich ständig rechts haltend, wieder an die gekennzeichnete Trasse zurück. Der Fußweg mündet nämlich abzweigend vom Fahrweg auf teilweise schwierigem Pfad nach links an einem Fließ, das man durchwaten oder überspringen muß. Danach führt der hübsche Waldweg direkt auf Stare Biskupice (Alt Bischofssee) zu. Am anderen Ortsausgang ist eine Rast an der Badestelle des idyllisch gelegenen Sees empfehlenswert. Ein Stückchen weiter folgen wir der Markierung rechts an alten Akazien neben Feldern in den Wald. Wenn dieser sich lichtet, berühren wir ein Naturschutzgebiet an verlandenden Seen.

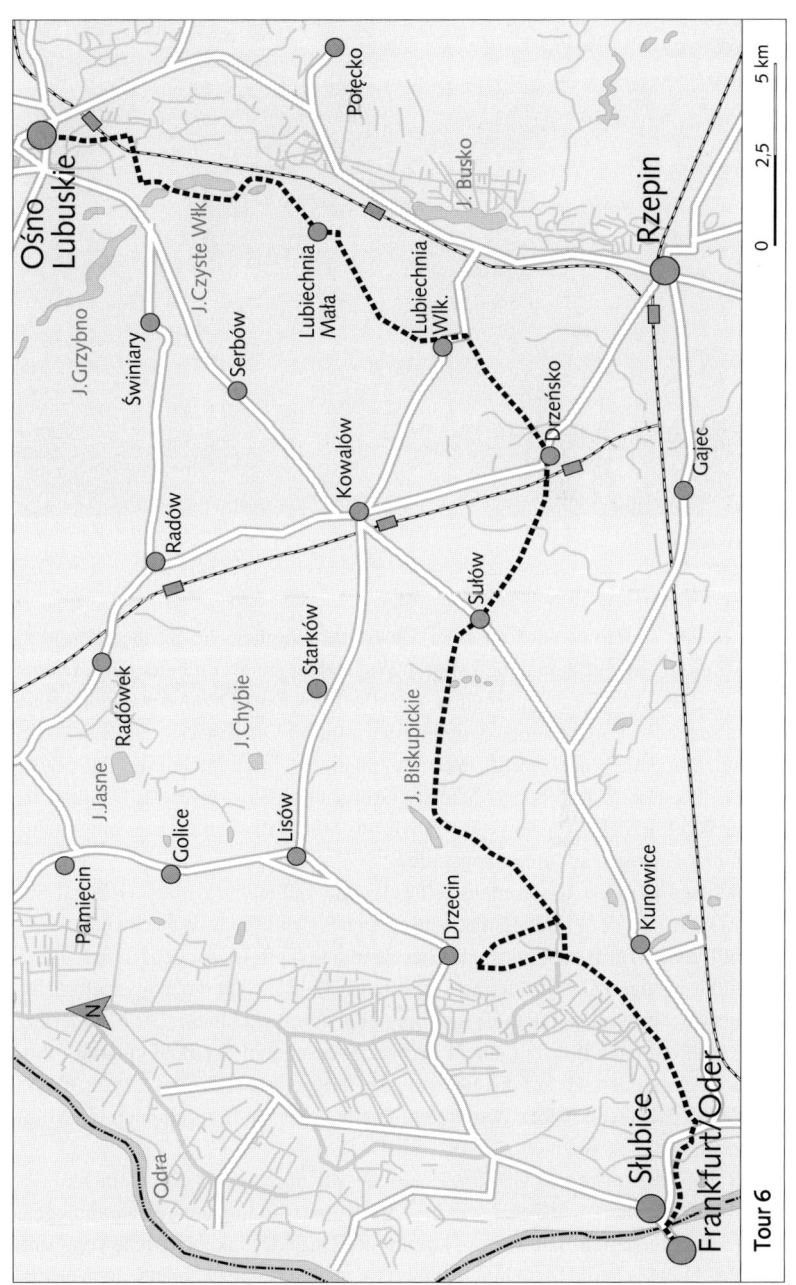

Radler bei Sułow

In Sułów (Zohlow) wird an einer Gaststätte lediglich die Straße überquert. Dann breiten sich auf dem unbefestigten Weg neben uns weite Felder aus. Dieses Landschaftsbild bleibt auch erhalten, nachdem das Dorf Drzeńsko (Drenzig) an der Bahnstrecke durchwandert wurde. Hier muß im Ort zunächst ein Stückchen auf der Hauptstraße nach rechts und dann an einem Teich nach links abgebogen werden. Dann wird Lubiechnia Wielki (Groß Lübbichow) erreicht. Dahinter ist wieder Wald in Sicht. Vor ihm müssen wir uns am nördlichen Ortsausgang rechts halten und gelangen auf eine Pappelallee.

Nächstes Dorf ist das romantisch gelegene Lubiechnia Mały (Klein Lübbichow). Ein von der Friedhofsmauer umgebenes Gotteshaus im Fachwerkstil mit dem hölzernen Turm paßt gut in das beschauliche Umfeld. An der Kirche vorbei liegen die wenigen Gehöfte schnell hinter uns. Bald zweigt der Weg nach rechts auf überwuchertem Kopfsteinpflaster bergan in den Wald hinein. Die Markierung weist zweimal nach links zu einem kleinen See, an dem der Pfad entlang führt. Etwas weiter stoßen wir auf das Südende des langgestreckten Sees Czyste Wielki (Großer Zeuschtsee). Neben den vielen Anglerstellen findet sich auch die Möglichkeit, ein Bad zu nehmen.

An der Nordspitze des Gewässers biegen wir nach rechts ein. Dem Markierungszeichen folgend, müssen wir bald nach links und später rechts abbiegen. Nahe der stillgelegten Bahnstrecke kommt der Turm der Jakobi-Kirche von Ośno in Sicht. Aber bis in die Stadt hinein dauert es, nach links abzweigend, noch etwas.

Drossen

Drossen liegt in einer Niederung, die teils von umliegenden Seen, teils vom Tale der Lenze gebildet ist. Unweit der Stadt erhebt sich nach allen Seiten das Sternberger Höhenland, das ungefähr eine halbe Stunde von der Stadt nach Osten zu in den Bullerbergen und Schwanenbergen seine höchste Höhe erreicht. Die Berge sind mit Nadel- und Laubholz bestanden und in den Talmulden sehr quellenreich. Der Wald leidet deshalb nicht an der Einförmigkeit, welche die märkischen Wälder sonst zu bieten pflegen. Eichen, Buchen, Birken und Elsen bieten ein liebliches Gemisch von Waldesgrün; im zahlreichen Unterholz halten sich Hirsche und Rehe verborgen, die bei Annäherung des Menschen mit dem flüchtenden Fuß kaum den schwellenden Moosboden berühren. Die Berge liefern außer dem Holzreichtum eine große Menge verschiedener Waldbeeren, die bei ihrer Reife nicht nur von den Kindern und armen Leuten, sondern auch von Frauen des mittleren Bürgerstandes fleißig gesammelt werden. Unmittelbar an der Stadt liegt im Norden der lieblich gelegene Röthsee, dessen nördliches Ufer von einem Höhenkomplex begrenzt wird. In diesem fischreichen See befindet sich eine Männer- und Frauenbadeanstalt, auch wird derselbe mit Miets-gondeln befahren. Da zu dem See kein Zufluß führt, auch kein Kanalwasser in ihn hineinmündet, zudem der Grund des Sees grobkiesig ist, so bietet derselbe dem Badenden kristallreines Wasser.

Nach dem Abend zu liegen die Kesselseen, und etwas weiter von der Stadt befinden sich der Zeusch und der wohl in zwei Stunden kaum zu umschreitende Greiben. Die Ufer dieser Seen bilden zum Teil hügeliges Gelände, das von Nadelhölzern dunkelgrün umsäumt ist. Den Wanderer umgeben harziger Duft und tiefe Stille, die bisweilen von dem Geschrei auffliegender wilder Enten und Gänse unterbrochen wird. Zwischen hohem Schilf und Binsen lagern einsam die Fischerkähne. Eine absolut staubfreie, harzige und stärkende Luft atmet deine Lunge an unseren Seen, und wolltest du gar ein Wasser- und nachheriges Sonnenbad riskieren, du, lieber Leser, fändest Stärkung und Genesung für Leib und Seele.

Max Eichholz-Drossen, Drossen, in: Die Provinz Brandenburg in Wort und Bild, Leipzig und Berlin 1900

Wir erreichen sie auf der ruhigen Straße Aleja Pokoju, die an die Ostseite der mittelalterlichen Befestigungsmauern stößt. Der zentrale Bushaltpunkt für die Rückfahrt befindet sich am südöstlich des Zentrums gelegenen Bahnhof an der Straße Richtung Rzepin (Reppen).

Lohnenswert ist die Besichtigung der historischen Bauwerke, insbesondere der Rathausfassade aus dem 19. Jahrhundert und der mächtigen Jakobi-Kirche aus dem 13. Jahrhundert, und ein Rundgang um die gut erhaltene Stadtmauer. Die Maiblumenplantagen, durch die die Stadt über die Provinzgrenzen hinaus bekannt geworden war, lagen nordwestlich des Mauerringes.

Wer übernachten möchte, findet dazu mehrere Möglichkeiten vor.

i Anreise: Mit Regionalzügen aus den Richtungen Berlin, Cottbus, Eberswalde und Beeskow bis Frankfurt (Oder).

Abreise: Mit dem Autobus nach Słubice (Frankfurt-Dammvorstadt), von dort zum Bahnhof Frankfurt (Oder) laufen und wie bei der Anreise zurückfahren.

Übernachtung: In mehreren Hotels und Pensionen von Frankfurt (Oder) und Słubice sowie im Urlauberobjekt ›Rancho w Drzecine‹, außerdem in Ośno Hotel ›Jaskóleczka‹, Straße Strumykowa 18, Hotel und Bungalows ›Dolina Leśna‹, Campingplatz am See Reczynek (Röthsee), Gästezimmer im Pfarrhaus hinter der Stadtkirche.

Gaststätten in Słubice, Sułów und Ośno.

Geschäfte auch in den anderen Dörfern unterwegs.

Abstecher bei einem Aufenthalt am Zielort sind rund um den See Reczynek (Röthsee) nördlich der Stadt und zum See Grzybno (Greibensee) in südwestlicher Richtung zu empfehlen. Radwanderer können diese Tour mit der Tour 7 zu einer Tagesfahrt kombinieren und dann von Rzepin entweder die rund zwanzig Kilometer per Rad nach Słubice zurückfahren oder die günstige Zugverbindung von dort nach Frankfurt (Oder) nutzen.

Für Fußwanderer ist wegen der guten Quartiermöglichkeiten eine mit der Tour 7 gekoppelte Zweitageswanderung vorteilhaft.

Zwischen Sumpf und Wald

Tour 7: von Ośno Lubuskie (Drossen) nach Rzepin (Reppen). Etwa 18 Kilometer.

Diese Wanderung macht mit der lieblichen Landschaft zwischen dem alten Sternberger Hauptort Drossen, heute Ośno Lubuskie, und Reppen, jetzt Rzepin, bekannt, das 1904 die Funktion als Kreisstadt für Weststernberg übernahm.

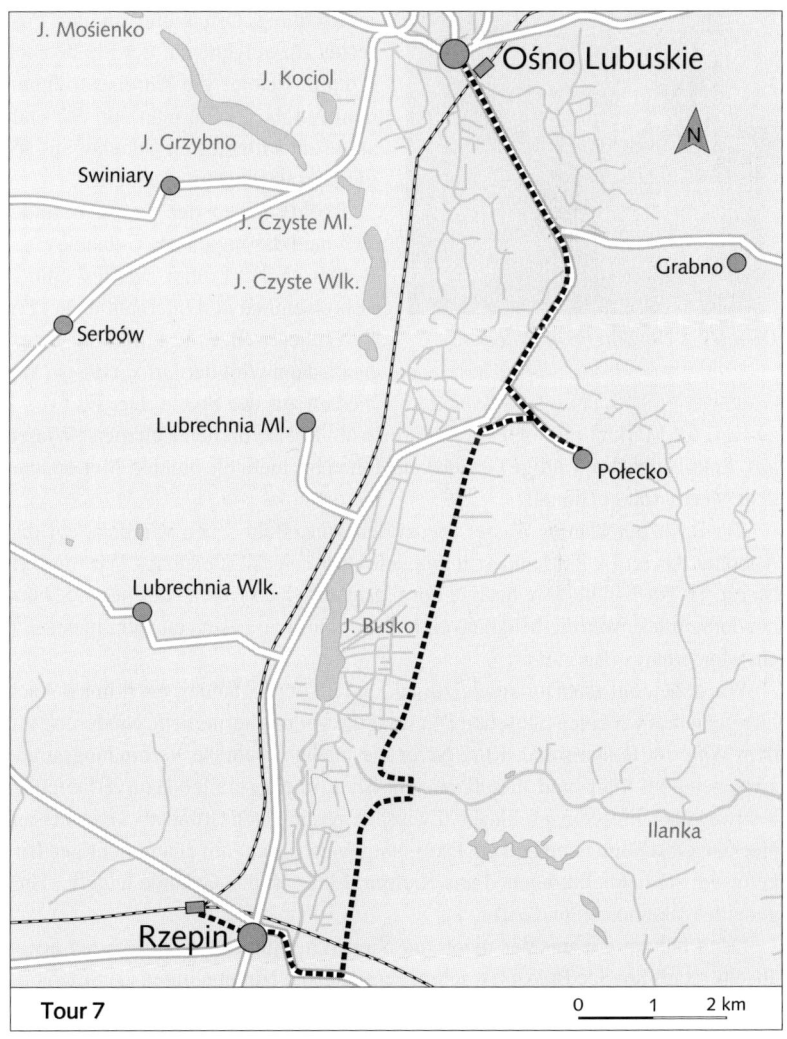

Tour 7

0   1   2 km

Die kleine Dorfkirche in Połecko

Geprägt ist diese Region von einer von Norden nach Süden verlaufenden Niederung, an deren Rändern sich zumeist bewaldete Hügelketten hinziehen.

Vielleicht ist man am Vortag auf der Tour 6 bereits nach Ośno gewandert oder mit dem Autobus angereist. Dann beginnt die Tour vom Stadtzentrum aus in Richtung Osten und an der Post rechts abzweigend auf der Straße nach Rzepin. Erfolgt die Anreise früh mit dem Autobus, kann man von der Endstelle am stillgelegten Bahnhof aus sogleich stadtauswärts wandern.

Rechts neben der Trasse befindet sich bald das imposante Gebäude einer Berufsschule. Früher war es einmal Lehrerseminar und Internatsschule. Ein Stückchen weiter folgt links ein Sportplatz, dann wird der Ort verlassen. Wir bleiben auf der Straße. Der Radweg 1 zweigt, der Markierung folgend, nach links ab. Rechts breiten sich meist Wiesen aus, links steigt das waldige Gelände zu Höhen bis mehr als hundert Metern über dem Meeresspiegel hinauf.

Ein Bach mit klarem Wasser kreuzt den Weg. Bald sehen wir links auf den Anhöhen das im 13. Jahrhundert gegründete Dorf Połecko (Polenzig). Wir wandern bergan bis zur Kirche. Ihre heutige Form geht auf einen Umbau aus dem 15. Jahrhundert zurück. Wer die Möglichkeit hat, den Turm zu besteigen, dem bietet sich ein wunderbares Panorama.

Wir gehen auf der Dorfstraße zurück und an der Gabelung nach links. Auch hier genießen wir einen hübschen Blick auf die vor uns befindliche Niederung mit dem Wald im Hintergrund. Kurz bevor die mäßig befahrene Verbindungsstraße zwischen dem Start- und Zielort erreicht ist, wird ein parallel dazu verlaufender Feldweg nach links eingeschlagen. Zwischen vereinzelten Grundstücken wachsen Hecken, Obstbäume und Birken. Das Forstgebiet beginnt mit einem richtigen Birkenwald, schließlich umgeben uns Kiefern. Links ist das Gelände hügelig. Hier gedeihen Blaubeeren und Pilze.

Dann nähern wir uns der moorigen Niederung, die sich schon vorher etwas abseits rechts am See Busko (Buschsee) entlangzog. Hinter einigen Gehöften biegen wir nach rechts ab und überqueren den Fluß Ilanka (Eilang). Wir müssen uns

Von Reppen in das Eilangtal

21 Kilometer Reppen (Bahnrestaurant), Kreuzungspunkt der Stettin – Breslauer Bahn. Die Stadt (Lambateurs Hotel; Helmings Hotel; Omnibus für 25 Pfennige), mit 4530 Einwohnern, liegt 1/2 Stunde östlich an der Eilang … Am Anfang das Landratsamt; an der Sternberger Chaussee eine Promenade und das Schützenhaus, weiterhin am Kreuzsee eine Badeanstalt.

Vom Schützenhaus führt nördlich unter der Posener Bahn hindurch ein Weg nach Friedrichswille (40 Minuten von der Stadt) mit einer mustergültigen Arbeiterkolonie … Auf dem Südufer der Eilang am Waldrande Pfad östlich zur (20 Minuten) Brücke über den Fluß. Durch das Eilangtal nach Sternberg (etwa 6 1/2 Stunden) besonders bei kühler Witterung angenehm.

Vom Wege nach Friedrichswille jenseits der Bahn rechts ab (›Klauswalde‹) durch Nadelwald zur Eilang (55 Minuten von der Stadt). Jenseits sogleich rechts (›Verboten‹). Nach 6 Minuten entweder links ab den schönen Fußweg (Eichenallee), der bald noch einmal dicht an die Niederung tritt, durch gemischten Wald, zuletzt eine Minute halbrechts zu einem (25 Minuten) Fahrwege und ihn rechts in 12 Minuten zur Niederung; oder etwas bequemer zwischen Wald und Niederung weiter, nachher Steig über eine Wiese und einen bewaldeten Bergrücken zur (35 Minuten) Niederung an ihr ohne erkennbaren Pfad in 3 Minuten an den anderen Weg. Durch Laubgebüsch zum (12 Minuten) einzigen Zugang zum Burgwall … Weiter um eine Ausbuchtung der Niederung, dann um den kahlen Eichberg, später bei einer Einengung des Flusses über eine bewaldete Anhöhe und unbequem an Wiesen zur Klauswalder Mühle. Nach Norden Fahrweg, bald rechts ab und angenehm, zur Hintermühle. Der Weg verläßt auf einige Zeit den Fluß, links aufwärts Fahrweg, bald über den Weg Pinnow-Biberteich in den Wald; nach 20 Minuten über Gehöft Adolfsruhe stets geradeaus in 25 Minuten zum ehemaligen Kemnather Teerofen; in derselben Richtung abwärts Pfad zur Pinnower Mühle. Hier den Fahrweg links und nach drei Minuten rechts (›Sternberg‹), bald in der Nähe des Küchensees vorbei, wieder am Nordrande der Niederung, ganz zuletzt über den Fluß zur Hintersten Mühle (35 Minuten), wo der Weg nach Süden umbiegt. An der Westseite des Flusses den sandigen Fahrweg bergan, sobald als möglich links zur Niederung zurück und an ihr zur Mittelmühle. Auf der Ostseite die Vordermühle, dann wieder auf der Westseite zur (25 Minuten) Chaussee etwas westlich von Stadt Sternberg.

Emil Albrecht

jetzt links halten, um nach Starościn (Friedrichswille) zu gelangen, einem zunächst stillen Ort. Lediglich der große Komplex der Forstfachschule, ein ›Technikum‹, hebt sich davon ab. Er befindet sich links, und man sollte einen Blick auf den Innenhof wagen. Interessant im Eingangsbereich ist die Skulptur eines ruhenden Hirschen, der einst vom Schloßpark in Cybinka (Ziebingen) hierher gebracht wurde. Die ansprechenden Fassaden der Internatsschule erinnern kaum daran, daß das Grundstück zur deutschen Zeit ursprünglich als Pflegeanstalt eingerichtet wurde.

Wir laufen geradeaus weiter und erblicken bald rechts über die Niederung der Ilanka hinweg den Kirchturm von Rzepin. Links erstreckt sich ein Waldgebiet. An der Bahnbrücke beginnt die Einfamilienhausbesiedlung von Rzepin, und wir stoßen auf die Hauptstraße.

Wenn es die Zeit erlaubt, dann kann man nach links noch einen Abstecher zum einen Kilometer entfernten See Długie (Kreuzsee) mit Badestelle und Promenadenweg unternehmen. Nach rechts dagegen gelangen wir quer durch die Stadt zum Bahnhof, wo sich auch die Abfahrtsstelle für den Autobusverkehr befindet.

Am Wege liegen unter anderem eine Mühle an der Ilanka, die Kirche St. Katharinen, das Rathaus, ein großes Schulgebäude, das ehemalige Gutshaus sowie das moderne Gebäude des Zollamtes.

 Anreise: mit dem Autobus von Słubice (Frankfurt-Dammvorstadt), bis dort mit Regionalzügen bis Frankfurt (Oder); Radwanderer können ab Frankfurt (Oder) auf der Straße über Kunowice (Kunersdorf) und Kowalów (Kohlow) anreisen.

Abreise: mit dem Zug nach Frankfurt (Oder) und Berlin oder mit dem Autobus nach Słubice.

Übernachtung: am Vortag wie bei der Tour 4 in Grenznähe oder wie bei der Tour 6 in Ośno bzw. bei Kopplung der Tour mit der Tour 8 in Rzepin im Hotel Ratuszowy hinter dem Rathaus. Außerdem Vermittlung von Quartieren durch Denis Viatr, Straße Zielona 3 in der Nähe vom Bahnhof.

Gaststätten: in Ośno und in Rzepin.

Geschäfte: außerdem in Połecko.

Radwanderer können diese Tour mit der Tour 6 zu einer Tagestour kombinieren und mit dem Rad von Rzepin bis Frankfurt (Oder) zurückfahren. Auch eine Kombination mit der Tour 8 ist möglich, wobei in diesem Fall besser statt beschriebenem Waldweg verkehrsarme Landstraßen genutzt werden.

Von der Eilang zur Pleiske

Tour 8: von Rzepin (Reppen) nach Cybinka (Ziebingen). Etwa 25 Kilometer.

Ein großes abwechslungsreiches Waldgebiet mit zahlreichen versteckten Seen und Fließen wird während dieser Wanderung durchquert. Streckenweise führt sie an den Flußtälern der Ilanka (Eilang) und der Pliszka (Pleiske) entlang, die beide im Sternberger Land entspringen und nach unzähligen größeren und kleineren Windungen in die Oder münden.

Der Ausgangsort Bahnhof Rzepin ist ein Knotenpunkt, auf dem auch alle internationalen Züge einen Halt einlegen. Von der Station aus wird die Stadt mit ihrem Zentrum durchquert. Hinter der Mühle an der Ilanka und an der wegen ihrer Farbe sogenannten Schokoladenvilla biegen wir nach rechts ab. Dann folgen wir wiederum nach rechts an einer Holzfirma der roten Markierung in einen unbefestigten Weg.

Bald umfangen uns Alleebäume und Wald. Zweimal muß beim Überqueren von Eisenbahngleisen auf den Verkehr geachtet werden. Dann geht es unter der Straße, die einst Autobahn werden sollte und vielleicht noch wird, in das Landschaftsschutzgebiet hinein.

Rechts von uns im Wald fließt die Ilanka. Links zwischen brachliegenden Flächen befinden sich die wenigen Häuser und ein holzverarbeitendes Werk des Ortsteiles Rzepinek. Geradeaus und dann links haltend wird der Reppe-Bach erreicht.

Der kleine Notübergang am hügeligen Ufer einer früheren Staustelle könnte den Radwanderern Schwierigkeiten bereiten. Sie müßten unter Umständen dieses Hindernis nach rechts umgehen und das dort seichte Fließ durchwaten. Hinter dem einstigen Mühlendamm stößt man auf eine gewaltige Eiche. Sie soll rund siebenhundert Jahre alt sein und wird als Naturdenkmal geschützt. Der Markierung folgen wir nun nach rechts und ein Stückchen weiter nach links. Schöner Laubwald umgibt uns.

Nach der Überquerung einer Kopfsteinstraße herrscht der Kiefernforst vor. Bei einer Gabelung geht es nach links, an einer Baumschule geradeaus und an der Biegung nahe eines idyllischen Taleinschnittes etwas weiter nach rechts. Man muß nur auf die Markierung achten, besonders wenn an einer Kreuzung nach rechts eingebogen wird.

Auf breitem sonnigen Weg geht es bald talwärts. Bevor man die Niederung erreicht, führt der Weg nach links an das Ostufer des Sees Supno (Zaupensee). Der Pfad schlängelt sich zeitweilig zwischen dem verlandenden Gewässer und Hängen dahin. Zum romantischen Eindruck trägt auch eine mächtige Kiefer mit mehreren Stämmen bei.

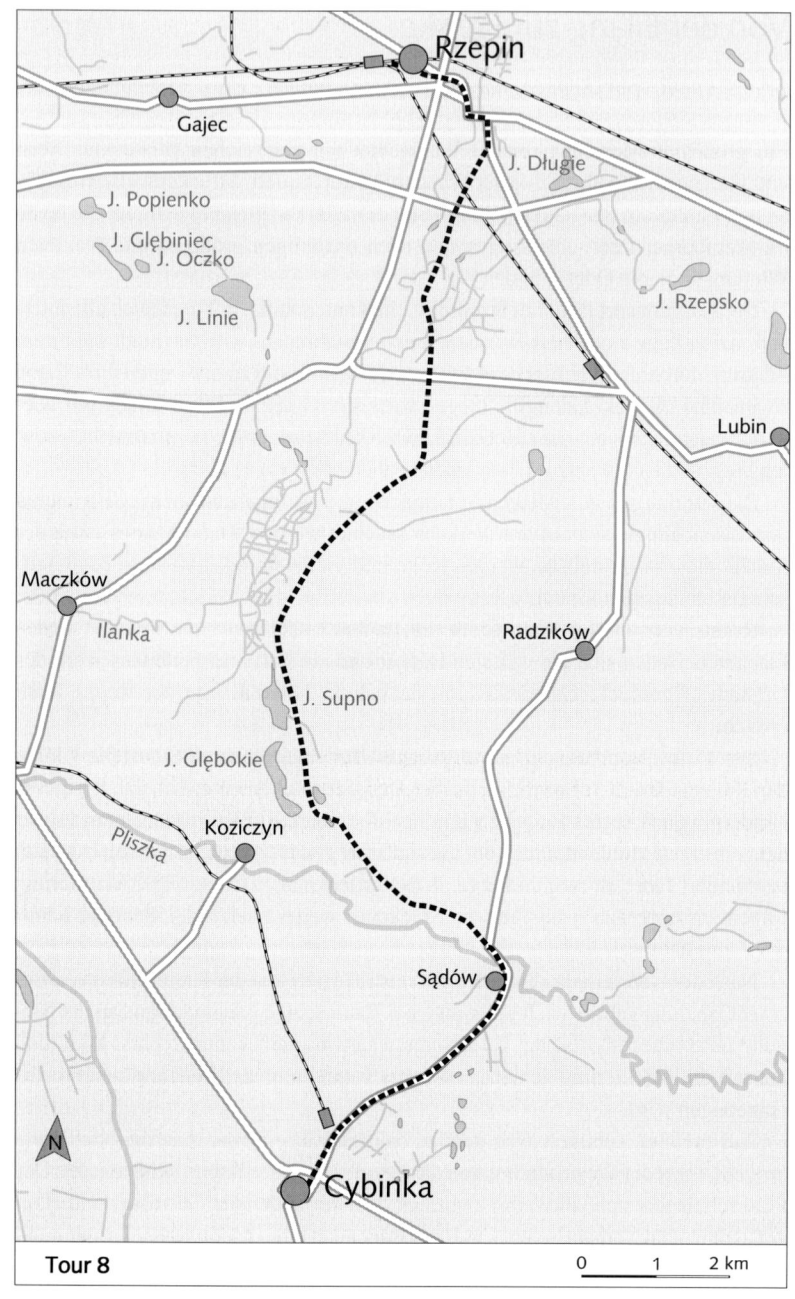

Tour 8

Schließlich geht es nach rechts in einen bergigen, trockenen Wald. Der See Głebokie (Glaubachsee) bleibt etwas entfernt neben uns. An einem abgeholzten Gelände müssen wir die Markierung erst suchen. Sie führt im Wechsel von links, rechts und links zu einem weiteren See. Diesem folgen kleinere Gewässer. Dann bleibt der Fahrweg geradeaus und wird für Radfahrer immer besser befahrbar, schließlich endet er auf der asphaltierten Straße. Auf ihr wird nach rechts eingebogen und talwärts bald Sądów (Sandow) erreicht. Von der Brücke über die Pliszka ist ein hübscher Blick entlang des Flusses zu genießen. Der einst im Besitz des Johanniterordens befindliche Ort verfügte früher über den Status eines Städtchens. Die ansehnliche Kirche mit den ungewöhnlichen zwei Türmen wurde nach einem Brand 1801 in dieser Form erbaut.

Nachdem Sądów durchwandert ist, führt die Tour nun abweichend von der Markierung auf der Straße in Richtung Cybinka (Ziebingen) weiter. Nach gut drei Kilometern ist das große Dorf mit seinem fast städtischen Charakter erreicht. Rechts vom Weg sehen wir den für den Personenverkehr stillgelegten Bahnhof. Wenn die Hauptstraße erreicht ist, sind es nach rechts nur wenige Schritte bis zur Bushaltestelle. Die Fahrzeit von hier bis nach Słubice (Frankfurt-Dammvorstadt) beträgt nur eine gute halbe Stunde.

Radwanderer können die knapp dreißig Kilometer bis zum Bahnhof Frankfurt (Oder) per Rad zurücklegen. Etwas länger ist die Strecke in Odernähe, wie in Tour 5 beschrieben. Dafür kann man an ihr eine stille und streckenweise idyllische Landschaft genießen.

An der Pleiske bei Sądów

Die Gesellschaft auf dem Lande

An einem schönen Vormittage ging die Gesellschaft nach einem kleinen Weinberge spazieren, der heiter und anmutig lag, und zwar beschränkte, aber liebliche Blicke auf niedere Hügel und Waldwiesen gewährte. Gotthold war mit der Mutter vorausgegangen, und Adelheid setzte sich auf eine Bank, um der heitern Landschaft zu genießen, indem aus dem Busche einige Nachtigallen im zärtlichen Gesange wetteiferten. Franz setzte sich zu ihr und sagte bewegt: Wissen die Menschen nun wohl, was sie wollen, die nur immer nach dem Fernen und Fremden mit Hast und Unruhe rennen und nur im warmen Klima, in berühmten Gegenden die Natur schön finden können? Hier, in dieser friedlichen Umgebung, von diesen Blütenbäumen umduftet, von diesen Tönen umflattert, der Ruf des Pfingstvogels aus dem Walde vor uns, diese süß bewegte Luft, und der Blick auf das Grüne der Birken und Lärchenbäume dort in das Blau des klaren Himmels hinein, wüßte ich doch nicht, was jetzt tiefer und inniger das Herz bewegen, was mehr entzücken und berühren könnte. Es freut mich, daß sie so denken, sagte Adelheid, denn es verdrießt mich oft, wenn Weitgereiste oder Naturkenner durch Studium und Reisen so weit gekommen sind, daß sie eine Gegend wie die unsrige gar nicht mehr beachten, noch weniger liebgewinnen können. Der Frühling ist allenthalben ein liebliches Wunder, wo nur irgend Bäume knospen und blühen und Blumen die Augen aus dem Grase richten. Und so wenig ich auch gereist bin, so glaube ich doch schon so viel erfahren zu haben, dass eine gewisse Rührung, eine sanfte Schwermut oder Sehnsucht, welches das Kleinleben der Natur, wie dieses hier, in uns erregt, größere Landschaften, Gebirge und weite Aussichten nicht hervorbringen können.

Ich glaube das nämliche erlebt zu haben, fuhr Franz fort, und ob ich gleich viele schöne Gegenden gesehn habe, so möchte ich doch die Empfindungen meiner Jugend in Wald und auf Wiesen, in den Birkenwäldchen unserer Gegend, ja in den finstern Kiefernwäldern, wenn der Luftzug hin und her durch die tausend Nadeln musiziert, nicht aufopfern, wenn ich sie mit den trunkenen Gefühlen unbedingt austauschen sollte, die die Schweiz oder Italien in ihren großen Naturgemälden uns gönnen …

Ludwig Tieck, Die Gesellschaft auf dem Lande, 1825

In Cybinka sind die Kirche aus dem 18. Jahrhundert und das an die Kämpfe von 1945 erinnernde Gefallenendenkmal mit Offiziersfriedhof am Rande des ehemaligen Schloßparkes sehenswert.

i Anreise: mit der Regionalbahn von Frankfurt (Oder), mit einem internationalen Zug aus Berlin oder mit dem Autobus von Słubice, bis dort Fußweg von Frankfurt (Oder).
Abreise: mit dem Autobus bis Słubice, von dort zu Fuß bis zum Bahnhof Frankfurt (Oder). Radwanderer beenden die Tour in Frankfurt (Oder).
Übernachtung: am Vortag wie bei der Tour 4 in Grenznähe oder im Hotel Ratuszowy hinter dem Rathaus in Rzepin und durch Vermittlung von Denis Viatr, Straße Zielona 3, in der Nähe vom Bahnhof in Rzepin, oder in Cybinka in der Touristenherberge ›Zacisze‹, Straße Kosciuszki 8.

Gaststätten: in Rzepin (Reppen) und Cybinka.
Geschäfte: außerdem in Sądów.
Eine Abkürzung der Streckenlänge ist möglich, wenn vor oder hinter den beiden großen Seen unterwegs nach rechts abgebogen wird. Dann führt der Weg über Koziczyn (Steinbockwerk). In diesem Fall wird das Ziel nicht über Sądów, sondern entlang der Bahntrasse erreicht.
Wer am nächsten Tag weiterwandern möchte, kann das auf der Tour 28 nach Krosno (Crossen) wahrnehmen. Das ist ebenso eine Variante für Radwanderer als zweiter Tagesabschnitt, denn am dortigen Ziel bekommt man ebenso Quartiere.

Auf dem europäischen Fernwanderweg 11

Tour 9: von Ośno Lubuskie (Drossen) nach Lubniewice (Königswalde). Etwa 35 Kilometer.

Größtenteils durch Kiefernforsten führt dieser Abschnitt des europäischen Fernwanderweges 11. Man stelle ihn sich aber nicht als eine Trasse vor, die regelmäßig mit Markierungen, Richtungswegweisern, Rastplätzen und Schutzhütten ausgestattet ist. Dafür bleibt noch viel zu tun, denn mehrfach muß sogar darauf geachtet werden, die Fortführung des Weges nicht zu verfehlen. Manchmal vermißt man gerade dort eine Markierung, wo abgebogen oder abgezweigt wird. Dann muß man sich den richtigen Weg selbst suchen.

Kommt man mit dem Autobus in Ośno Lubuskie (Drossen) an, läuft man zunächst vom Bahnhof aus in Richtung Stadtzentrum. Erreicht man die mittelalterliche Stadtmauer, muß man sich rechts, auf dem an der Mauer entlang verlau-

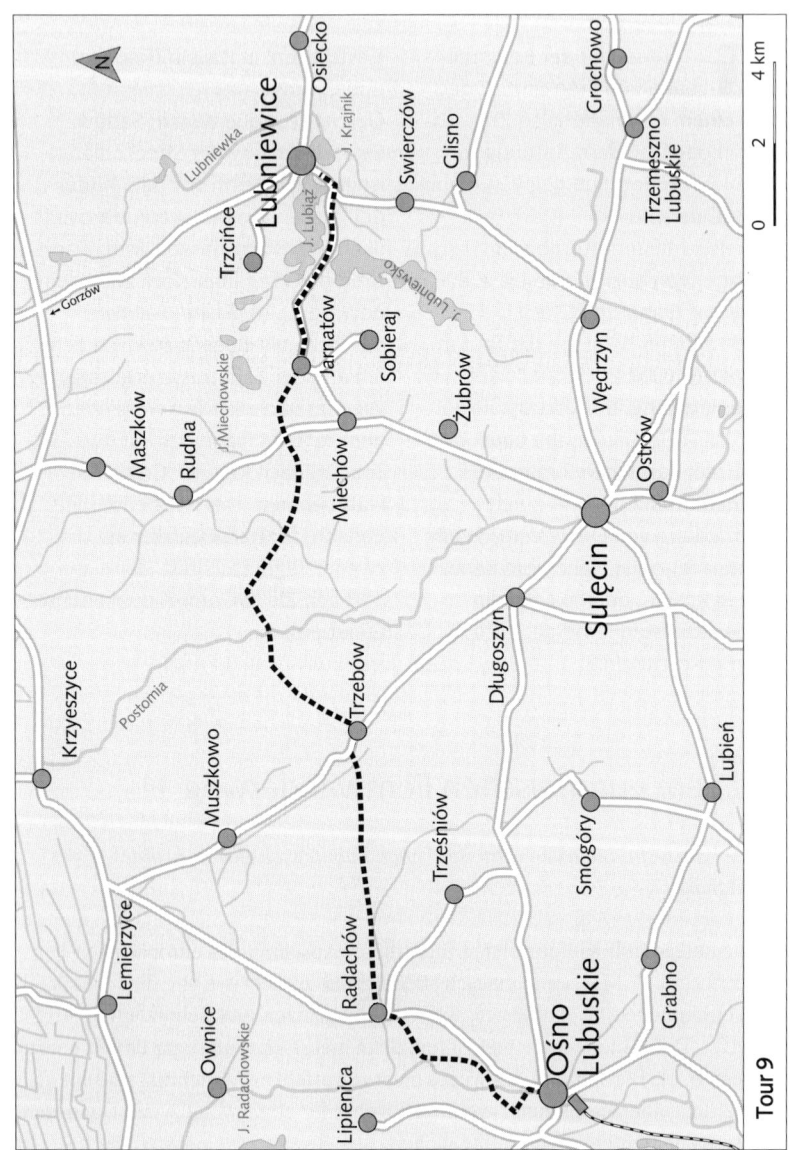

fenden Spazierweg, halten. Zwischen Mauer und idyllischer Fließniederung geht es bis zum Pfad kurz vor dem mittelalterlichen Rundturm. Dann überqueren wir nach rechts den Bach und biegen dahinter nach links ab. Neben einem Sportplatz und dem Schulgelände ist die Straße erreicht. An teilweise schönen Villen vorbei geht es links direkt auf den See Reczynek (Röthsee) zu. Vor der Badestelle wird zwischen einem eingezäunten Campingplatz und Feldern der Wald erreicht.

Ein Stückchen bleiben wir noch bis zum Amphittheater am Gewässer und genießen an dieser einstigen ›Thingstätte‹ den Blick auf die Stadt zurück. Dann durchwandern wir fast entgegengesetzt zuerst in östlicher und danach in nordöstlicher Richtung den Wald.

Die Fachwerkkirche von Radachów

Am Flüßchen Lenka (Lenze) und später nochmals an einem Fließ sind die Windungen des Weges zu beachten.

Schließlich nimmt uns kurz vor Radachów (Radach) die Straße auf. An ihr entlang wird nur ein Stückchen gelaufen, bis es rechts in des Dorf hineingeht. Vor der Kirche und dem Gutsgelände wird über ein Fließ nochmals der Bogen nach rechts und dann nach links eingeschlagen. Das hübsche Gotteshaus im Fachwerkstil und mit Holzturm ist eine Betrachtung wert. Auf dem Kirchhof wird zwar nicht mehr bestattet, aber einige Grabstätten früherer deutscher Einwohner werden gepflegt.

Dann geht es, nach links abbiegend, aus dem Dorf hinaus, das durch Hans Falladas Roman ›Wolf unter Wölfen‹ in die Literatur eingegangen ist. Leider befindet sich das Herrenhaus des Gutes in einem schlechten Zustand.

Durch einige Felder ist bald wieder der Wald erreicht, fast immer geradeaus und auf ebenem Terrain kommt schließlich Trzebów (Trebow) in Sicht. Vorbei an Kirche und alter Schule wird die Straße nach rechts bis zum nächsten Feldweg nach links genutzt. Dieser führt bergan in den Wald hinein. Nun wird es hügelig. Abwechslung bietet der Übergang über die Postomia (Postum) in einem urwüchsigen Taleinschnitt.

Bald dahinter biegt der Weg der Markierung folgend nach rechts ab. Auch das anschließende Gelände bis nach Jarnatów (Arensdorf) bleibt abwechslungsreich. Unterwegs wird zwischen Rudna (Rauden) und Miechów (Meekow) die Straße

Wolf unter Wölfen

Sophie war längst draußen. Von der Freundin, die ihr das Rad lieh, ließ sie gebührend das blaue Kostüm bewundern, schwang sich auf den Sattel, fuhr klingelnd langsam durchs Dorf, damit auch alle sie sähen, und bog in den moosigen, stillen Waldweg ein, auf dem das Rad lautlos fuhr wie auf Samt. Der Weg neben den von Holzfuhren zerfahrenen Gleisen war fest und sehr schmal. Heidekraut und Ginster streiften oft die Pedale und warfen Tropfen Morgentaus auf die Spitze ihrer Schuhe. Die schönen säulenförmigen Stämme der alten Kiefern wanderten neben ihr her, rötlich von der Morgensonne ange-schienen – und manchmal ging der schmale Pfad so eng zwischen zwei Stämmen durch, daß sie die Lenkstange festhalten mußte, um nicht auf einer Seite anzustoßen. Das Blaubeerkraut stand dicht, und die Beeren wurden schon blau, das Waldgras war noch grün, die Wacholder standen schweigend und dunkel im hellen Unterholz, und es war ein ewiges Flattern und Zwitschern des kleinen Waldgevögels …

Der rasche Blick im Vorübergleiten auf eine sich öffnende und schon wieder geschlossene Schneise, die ins Herz der Wälder zu führen schien …

Plötzlich mußte Sophie lachen. Es ist ihr eingefallen, wie ihre Mutter sie einmal zum Beerensammeln hierher in den Wald mitnahm. Damals war sie acht oder neun Jahre alt. Das mühselige Pflücken wurde ihr bald langweilig. Spielend, vor sich her summend, verlor sie sich von der Seite der emsigen Mutter, zehnmal ließ sie sich rufen, der elfte Ruf erreichte sie nicht mehr. Leise singend, vor Glück lachend, verlor sie sich tiefer und tiefer in den Wald, ohne Ziel, nur aus Freude an der Bewegung ging sie weiter und weiter, in die kleinen Täler hinein, in die von flachen Hügeln die Bäume wie stille Pilger hinabsteigen. Lange lauschte sie auf das Gluckgluck eines eiligen Baches. Noch länger sah sie einem Schmet-terling zu, der auf einer vor Wärme summenden Waldlichtung von Blüte zu Blüte flog – und sie kam nicht in die Versuchung, nach dem gelben Buttervogel zu greifen. Schließlich gelangte sie in einen Buchenwald. Silbergrau und hoch ragten die Stämme. Das Grün oben war so fröhlich. Weit voneinander standen die Bäume, überall drangen Sonnenstrahlen hinein in den goldenen, warmen Schatten. Ihre bloßen Füße sanken ganz tief in das weiche, bräunlich-grüne Moos …

Hans Fallada, Wolf unter Wölfen, 1937

überquert. Vor Jarnatów (Arensdorf) lichtet sich der Wald. Über die Felder hinweg bietet sich nun von den Höhenrändern herab eine herrliche Weitsicht bis in das nördlich gelegene Bruch der Warta (Warthe). In Jarnatów (Arensdorf) ist nicht nur die für diese Region recht ungewöhnliche, rechteckige Barockkirche aus der Zeit um 1770 sehenswert. Hier kann man auch gegenüber vom großen Gutshof und am Rande des Schloßparks in einer Tagesbar einkehren.

Der letzte etwa fünf Kilometer lange Abschnitt der Tour bis nach Lubniewice (Königswalde) wird auf der Straße zurückgelegt. Hier befinden wir uns gleichzeitig auf dem Radwanderweg E1. Zunächst ist die Allee von Feldern umgeben, und dann geht es talwärts in den Wald hinein. Bald zweigt sich nach rechts die Tour 11 ab und etwas weiter links durch eine Brücke der nach dem Zweiten Weltkrieg abgebauten Eisenbahnstrecke wird der markierte Weg um den See Lubiąż (Lübbens) und Lubniewsko (Ankensee) überquert. Auch der Damm der alten Bahntrasse wird berührt, bevor die ersten Häuser des beliebten Erholungsortes vor uns liegen.

Nach links führt die Straße zum attraktiven Urlauberobjekt ›Stilon‹. Dann befinden wir uns in Lubniewice. Wenn man auf die Hauptstraße stößt, führt der Weg nach links. Noch vor dem Zentrum ist die zentrale Bushaltestelle erreicht. In der Nähe bestehen viele Möglichkeiten zur Einkehr.

 Anreise: mit dem Autobus von Słubice (Frankfurt-Dammvorstadt), bis dort Fußweg vom Bahnhof Frankfurt (Oder). Abreise: mit dem Autobus nach Gorzów Wlkp. (Landsberg/Warthe), von dort mit dem Zug über Kostrzyn (Küstrin) nach Berlin oder mit dem Autobus über Sulęcin (Zielenzig) nach Słubice. Übernachtung: in Ośno Hotel ›Jaskóleczka‹, Straße Strumykowa 18, Hotel und Bungalows ›Dolina Leśna‹, Campingplatz am See Reczynek (Röthsee), Gästezimmer im Pfarrhaus hinter der Stadtkirche. In Lubniewice im Reiterhof ›Mustang‹, Erholungszentren ›Warta-Tourist‹, ›Stilon‹, ›Kaczy Dołek‹, weitere Objekte mit Bungalows, mehrere Pensionen und Reiterhöfe. Gaststätten in Ośno, Jarnatów und in Lubniewice. Geschäfte außerdem in Radachów und in Trzebów.

Für Radwanderer kann diese Tour mit der Tour 6 zu einer Tagesfahrt kombiniert werden. Nach Übernachtung in Lubniewice ist die Rückfahrt auf Straßen bis zu den Grenzübergängen in Küstrin-Kietz und Frankfurt (Oder) bequem an einem Tag zu schaffen.

Fußwanderern wird eine Übernachtung am Vortag in Ośno empfohlen, damit man frühzeitig aufbrechen kann, um den weiteren Weg mühelos zu absolvieren.

Der Seengürtel um die ›Königin des Waldes‹

Tour 10: Rund um Lubniewice (Königswalde).
1. Wanderung: die Seen Lubiąż (Lübbensee) und Krzywe (Krummer See), etwa
13 Kilometer.
2. Wanderung: der See Krajnik (Krainichsee), etwa 6 Kilometer.
3. Wanderung: der See Janie (Jahnsee), etwa 13 Kilometer.

Die waldreiche, von vielen Gewässern durchsetzte und hügelige Region um Lubniewice (Königswalde) herum ist eine der schönsten Landschaften in der Wojewodschaft Lubuskie (Lebus). Vor allem um mehrere Seen führen Rundwander-
wege für Halbtages- oder Tagesausflüge. Deshalb lohnt sich in der Kleinstadt mit
ihrer anheimelnden Atmosphäre am Marktplatz ein mehrtägiger Aufenthalt. Quartiere erhält man in den unterschiedlichen Kategorien. Je nach Interesse sind Bungalows in Wassernähe oder Reiterhöfe sehr beliebt. Der Reiz von Lubniewice hat
sich mittlerweile herumgesprochen, und man trifft hier oft auf naturverbundene
Touristen aus Deutschland.

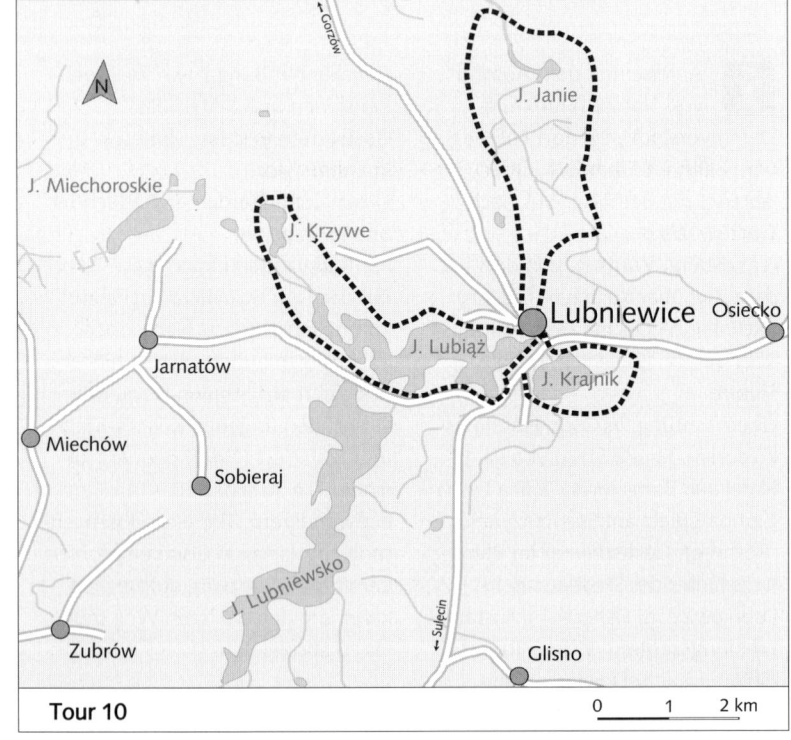

Tour 10

Infotafel im Zentrum von Lubniewice

1. Wanderung

Lubniewice wird auf der Straße Richtung Gorzów (Landsberg) vorbei am Alten Schloß und am Reiterhof ›Mustang‹ verlassen. Hinter dem Park des Neuen Schlosses biegen wir nach links zum 131 Hektar großen See Lubiąż (Lübbensee) mit seinen Inseln, Halbinseln und Buchten ein. Zunächst geht die Promenade an zahlreichen Erholungseinrichtungen vorbei. Dann befinden wir uns auf einem Uferweg, der bald nach rechts in den Wald einbiegt. Eine Asphaltstraße wird überquert, die links zu einem Campingplatz führt. Wir bleiben jedoch geradeaus und halten uns immer an die Markierung. So gelangen wir in das kleine stille Dorf Trzcince (Tschenze). Radwanderer sollten bis hierher die Landstraße nehmen.

Durch Trzcince (Tschenze) geht es nördlich weiter. Wir biegen nach links ein und umwandern das Nordufer des Sees Krzywe (Krummer See), der aber nur an wenigen Stellen zugänglich ist. Der Weg zwischen den Kiefern ist stellenweise sandig. Wir stoßen auf den Radweg, der nach rechts zum Schloß Rogi (Sophienwalde) führt und den wir nun weiterhin nach links nutzen. Zum abwechslungsreichen hügeligen Terrain gehören bald kleine Biotope beiderseits des Weges, Wiesen und der von Birken und Buchen durchsetzte Waldbestand. Dann sehen wir links den See Lubiąż durch die Bäume schimmern.

Der Weg führt schließlich auf dem Höhenrand nahe des Gewässers durch trockenen Kiefernforst und mündet, nach rechts und talwärts einbiegend, unter

Brunnen in Lubniewice

einer ehemaligen Eisenbahnbrücke auf die Chaussee. Auf ihr erreichen wir nach links etwa drei Kilometer weiter wieder das Zentrum von Lubniewice. Dieser letzte Abschnitt berührt noch einen Rastplatz am See, die Brücke über die Lubniewka, ein für Sportboote kanalisiertes Fließ zum See Lubniewsko (Ankensee) und das etwas abseits gelegen Erholungsobjekt ›Stilon‹.

2. Wanderung

Der Rundkurs um den östlich von Lubniewice gelegenen See Krajnik (Krainichsee) ist nicht lang und zu Fuß in zwei bis drei Stunden zu schaffen. Das Gewässer grenzt direkt an die Stadt, und in diesem Abschnitt besteht ein begrenzter, aber stellenweise auch schwieriger Fußpfad.

Zur Umwanderung des gesamten Sees laufen wir vom Marktplatz an der Kirche vorbei und biegen hinter der in der alten Schule untergebrachten Stadtverwaltung nach links ein. Rechts von uns befindet sich der ›Europäische Park‹ mit dem Amphitheater, an der anderen Seite von Bäumen etwas versteckt das Sommererholungszentrum ›Kaczy Dołek‹. An der nächsten Straßengabelung halten wir uns nach links und sehen bereits das Gewässer.

Der Weg führt über ein Fließ. Nun beginnt auf unbefestigtem Weg eine Niederung mit urwüchsiger Vegetation und sumpfigen Standorten. Dennoch bleibt der Pfad gut begehbar und führt bald auf einen Höhenrand. Es folgt sogar eine Badestelle, die zur Rast einlädt. Uns gegenüber bietet sich das Panorama von Lubniewice. Die weitere Strecke führt vom Seeufer weg auf Feld- und Waldwegen bis zu einem Mühlengrundstück an der Lubniewska (Hammerfließ) im Ortsteil Suszyce, dem früheren Bergvorwerk.

Hier wird nach einem kleinen Anstieg die Straße erreicht, die uns linker Hand zum Ausgangspunkt zurückführt. Links von der Chaussee sehen wir einen Teich und vor der Stadt auch wieder den See Krajnik liegen.

3. Wanderung

Diese Tour führt fast nur durch Wald zu einem Pflanzen- und Vogelnaturschutzgebiet an einem von Schilf umgebenen Gewässer, dem See Janie (Jahnsee).

Das Zentrum von Lubniewice wird auf der Straße in Richtung Gorzów (Landsberg) verlassen. Am Ortsausgang befindet sich eine Autobushaltestelle. Hier biegt der markierte Wanderweg in den Wald ein. Wir halten uns rechts und nähern uns bergab dem Flußtal der Lubniewska.

Nahe eines Forstgrundstücks kreuzt ein Weg, der nach rechts zu einem idyllischen Mühlengebäude führt. Wir halten uns jedoch geradeaus und überqueren den Bach nur etwa einhundert Meter hinter der Försterei. Hinter der Brücke geht es

Das Hammerfließ und seine Mühlen

Von der Hochfläche des Sternberger Landes, das wie eine Insel aus den Flußniederungen der Oder, Warthe und Obra emporragt, gehen eine Reihe von Wasserläufen hauptsächlich nach Süden und Westen zur Oder und nach Norden zur Warthe hin, die die natürlichen Kraftquellen dieses Gebietes darstellen.

Die bedeutendsten sind die Pleiske, Eilang, Lenze und Postum. Ihnen gegenüber scheint das Hammerfließ unbedeutend zu sein, mißt es doch in der Luftlinie nur etwa zwei deutsche Meilen; es hat aber in den Seen um Königswalde ein natürliches und reichliches Staubecken und auf seinem kurzen Wege bis Költschen, wo es in die Warthe, oder genauer gesagt, in den Brenkenhoffkanal mündet, der bei der Trockenlegung des Warthebruchs angelegt wurde, ein Gefälle von 31 Metern. Es ist erstaunlich, wie seine Wasserkraft im Laufe der Jahrhunderte für Mühlen und andere industrielle Unternehmungen ausgenützt worden ist.

Das Fließ deutet gewissermaßen die Verkehrsachse des Königswalder Ländchens an, durch das es fließt. Umschlossen wird dieses im Westen durch die Postum, im Osten durch die preußisch-polnische Grenze, die an der alten Handelsstraße von Landsberg nach Schwiebus entlang führte, im Norden durch die Wartheniederung und im Süden durch einen Höhenzug, auf dem die Stadt Königswalde und die alten deutschen Dörfer Maekow, Herzogswalde, Arensdorf und Gleißen liegen.

Von einzelnen Punkten dieses Höhenrückens aus kann man das ganze etwa 250 Quadratkilometer umfassende Gebiet überblicken; ein großes, früher einer Familie gehörendes Ritterlehn, das in seinem Umfang einer Grafschaft gleichkam, Jahrhunderte hindurch Grenzland gegen Polen und auf allen Seiten von Kloster- oder Ordensbesitz eingeengt.

G. Müncheberg, Das Hammerfließ und seine Mühlen, in: Die Neumark – Mitteilungen des Vereins für Geschichte der Neumark, Nr. 19/1942

nach links zunächst am Fließ entlang. An einer Waldwiese bleibt das Gewässer hinter uns. Einmal nach rechts und zweimal nach links muß man einbiegen, um in die Nähe des Nordufers des langsam, aber stetig verlandenden Sees Janie zu gelangen. Das Gelände ist manchmal sandig und von Hügeln durchzogen.

Wir wandern ein Stückchen an der Grenze zum Naturschutzgebiet entlang. An einer alten Eiche finden sich die Ruinen eines ehemaligen Fischerhauses. Etwas weiter folgt die Brücke über das Fließ, das nordwärts in die Warta (Warthe) mündet.

Dahinter wird zunächst nach rechts und dann nach links eingebogen. Es folgt ein abwechslungsreicher Abschnitt zwischen Schonung, Hochwald und Wiesen sowie zwischen Sumpf und Hügeln. Manchmal ist der Weg durch Sand und Steigerungen etwas beschwerlich. Wir müssen immer mal wieder auf die Markierung achten. Dann wird nach mehreren Abbiegungen und vorbei an einem Forsthaus wieder der Ausgangspunkt an der Autobushaltestelle am nördlichen Ortsausgang von Lubniewice erreicht.

ℹ Anreise: mit dem Autobus von Gorzów Wlkp. (Landsberg/Warthe), bis dort mit dem Zug aus Berlin über Kostrzyn (Küstrin), mit dem Autobus von Słubice (Frankfurt-Dammvorstadt) bis dort zu Fuß vom Bahnhof Frankfurt (Oder).
Abreise: auf dem gleichen Wege wie bei der Anreise.
Übernachtung: in Lubniewice im Reiterhof ›Mustang‹, Erholungszentren ›Warta-Tourist‹, ›Stilon‹, ›Kaczy Dołek‹, weitere Objekte mit Bungalows, mehrere Pensionen und Reiterhöfe.
Gaststätten: in Lubniewice mehrere Restaurants und Bars im Stadtzentrum.
Geschäfte: in Lubniewice und in Trzcince.

Radwanderer können alle drei Touren im Lauf eines Tages schaffen. Allerdings muß an einigen Stellen wegen Sand oder Steigerungen geschoben werden. Als Abstecher ist das rund vier Kilometer nördlich von der 1. Route landschaftlich schön gelegene Schloß Roge (Sophienwalde) lohnenswert. Dort befindet sich auch ein Café. Für die An- und Abreise ist für Radwanderer eine Tagestour von beziehungsweise zu den Grenzübergängen Küstrin-Kietz oder Frankfurt (Oder) möglich.
Fußwanderer können bei Zwischenübernachtung in Ośno (Drossen) in zwei Tagen entsprechend der beschriebenen Touren 6 und 9 Lubniewice von Frankfurt (Oder) aus erreichen.

Ein majestätisches Gewässer

Tour 11: von Lubniewice (Königswalde) nach Sulęcin (Zielenzig). Etwa 18 Kilometer.

Der See Lubniewsko (Ankensee), der sich in einer Länge von fünf Kilometern zwischen Lubniewice (Königswalde) und Sulęcin (Zielenzig) erstreckt, ist für die brandenburgische und heute westpolnische Landschaft eine Ausnahmeerscheinung. Fast am gesamten Westufer erheben sich bis über 150 Meter hohe Berge, die von zahlreichen Schluchten und Hohlwegen durchzogen werden. Einundzwanzig von ihnen haben polnische Namen erhalten, darunter in deutscher Übersetzung unter anderem Birkenwald, Hangrinne, Kirche, Trockener Fluß und Wacholderschlucht. Vor allem die Wanderung hier entlang beeindruckt durch imponierende Naturerlebnisse, zumal man südlich des Gewässers noch eine mittelgebirgsähnliche Landschaft durchstreift. Unterwegs kommen wir durch keinen Ort. Es ist also an die Mitnahme von Verpflegung zu denken.

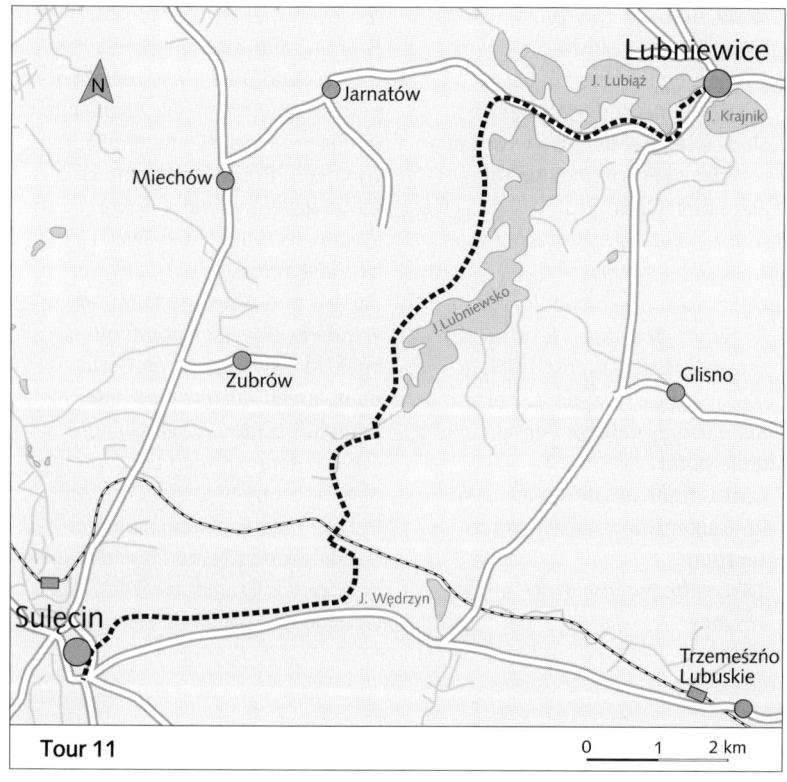

Tour 11   0   1   2 km

Im Zentrum von Sulęcin

Das Stadtzentrum von Lubniewice wird auf der Straße in Richtung Sulęcin verlassen. An der Tankstelle kurz vor dem Ortsausgang biegen wir nach rechts in die Nebenstraße ein. Vorbei am Friedhof, an der Einfahrt zum Erholungsobjekt ›Stilon‹ rechts sowie ›Elektrim‹ links biegen wir nach links am markierten Weg in den Wald ein. Zwischendurch haben wir noch vorher rechts auf den See Lubiąż und links auf den See Lubniewsko (Ankensee) geblickt, der von den Polen auch Swierkowskie genannt wird. Diese Bezeichnung weist auf Bestände an Fichten im Uferbereich hin.

Zuerst ist es trocken und sandig. Dann biegt der Weg nach links an den See heran. Eine kurze Strecke bereitet der Pfad am Hang des Gewässers den Radwanderern Schwierigkeiten. Das ändert sich jedoch schnell, dahinter führt die Trasse auf einem breiten Weg weiter. Die Markierung weist darauf hin: hier befinden wir uns auf einem Rad- und Fußweg. Viele Halbinseln und damit verbundene Buchten bringen es mit sich, daß wir uns zumeist etwas entfernt vom See fortbewegen. Aber besonders am Fuß von Schluchten ist dann wieder der Blick über die Wasserfläche zu genießen.

Die Waldvegetation ist abwechslungsreich. Neben Kiefern herrschen im hügeligen Gelände Fichten, Buchen und Birken vor. Zwischendurch gibt es sandige Passagen. Manchmal glaubt man, am Ende des Sees angelangt zu sein. Aber dann liegt wieder die nächste Bucht neben uns. Der Hangweg am letzten Abschnitt ist besonders idyllisch; er schlängelt sich durch die Bäume hindurch und erlaubt an vielen Stellen die Sicht auf den See.

Dann gelangen wir in das Tals des Czerwony Potok (Rotes Fließ). Der Bach wird nach links überschritten, hinter der Brücke geht es nach links zurück in Richtung Lubniewice. Hier gelangt man unterwegs auch an eine Badestelle sowie zu zwei Erholungseinrichtungen am östlichen Ufer.

Wir verlassen jedoch entgegengesetzt und mit anderer Markierung den See. Parallel zu den Windungen des Roten Fließes verläuft der Weg auf dem Höhenrand. Die gegenüberliegenden Berge und Schluchten und die üppige Vegetation bilden eine traumhafte Landschaft, bis wir nach links abbiegen und dann wie-

Der sogenannte Taubenstein bei Sulęcin

derum im Bogen nach rechts die Bahngleise überschreiten. Nun wird eine Schlucht umwandert, aus der das Rote Fließ entspringt. Wir müssen immer wieder auf die Markierung achten, um in einem unübersichtlichen Wegenetz nicht die Orientierung zu verlieren. Mehrmals wird die Richtung gewechselt, bis wir auf einen mächtigen Findling stoßen, den Koźli Kamień (Bockstein). Dann führt der Weg geradeaus zum höchsten Berg der gesamten Region. Das ist mit seinen 168 Metern über dem Meeresspiegel der Głaźnik (Taubenberg). Der kurze Weg hinauf ist so steil, daß man als Radfahrer sein Gefährt am besten unten läßt.

Von der Höhe herab bietet sich ein herrlicher Blick auf einen Talkessel mit der Stadt Sulęcin. Den Berg krönt der Gołębi Kamień (Taubenstein). Dieser erratische Block ist so groß, daß man ihn kaum erklimmen kann. Sein Umfeld hat man so gestaltet, daß es an diesem markanten Punkt zu einer Rast einlädt. Der markierte Pfad unterhalb des Berges biegt rechts ein und führt danach im Bogen nach links aus dem Wald heraus. An der einen Seite haben wir noch den Forst neben uns, an der anderen bietet sich über kahle Hügel hinweg ein schöner Blick in die Niederung. Immer geradeaus gelangen wir vorbei an Kleingärten in das Stadtgebiet von Sulęcin. Auf der ersten Straße links und dann rechts abbiegend wird das Zentrum erreicht.

Der zentrale Bushaltepunkt befindet sich im Süden in der Nähe vom Park Szkolny. Wenn es die Zeit zuläßt, dann sollte man einen Rundgang zu den Resten

Zielenzig und seine Ausflüge

Die Stadt Zielenzig mit seiner herrlichen Umgebung gibt neben Lagow im südlichen Landsberger Ausflugsgebiet die reizvollsten Ausflüge. Der Zielenziger Stadtwald birgt eine Fülle von Naturschönheiten, die wie selten fast jede in ihrer Art völlig anders geartet sind. Zielenzig selbst, eine typische Kleinstadt des südlichen Warthebruchs hat gute Bahnverbindung mit Landsberg. Von Zielenzig aus ist in knapp einstündiger Wanderung der Zielenziger Stadtwald zu erreichen. Die Wanderung geht östlich aus der Stadt heraus und erreicht in ziemlicher Steigung den hart an der Chaussee gelegenen Taubenberg (167 Meter). Vom Taubenberg bietet sich ein sehr schöner Ausblick auf Zielenzig und die wellige Landschaft. Ein großer erratischer Block ziert die Kuppe des Taubenberges. Vom Taubenberg kann die Wanderung durch den schönen Zielenziger Stadtwald fortgesetzt werden. Ein idealer Ruhepunkt für diesen und die übrigen Ausflüge wird bald in der Gaststätte zum Stadtwald erreicht. Von hier lassen sich leicht an Hand der Wegweiser zu dem überraschend schön gelegenen ›Roten Fließ‹ oder zum Bürgersee, an dem die städtische Badeanstalt Zielenzigs Gelegenheit zu erfrischendem Bade schafft, unternehmen.

Vom Roten Fließ führt auch ein schöner Weg zur Gleißener Straße und zur Försterei Helminenwalde. In einstündiger Wanderung wird durch die Buchenschlucht, die der Försterei ganz nahe liegt, die Wendenschanze am Ankensee erreicht. Auch das Dorf Gleißen ist als früherer Kurort zur Zeit Friedrichs des Großen recht sehenswert. Das wundervolle Schloß mit der großzügig angelegten Autoauffahrt und der Schloßpark lassen schnell die längst vergangenen Zeiten wieder stark lebendig werden und wirken als kleines Sanssouci ungemein stark auf jeden Wanderer, der diesen Anblick hier kaum vermuten wird. Der Rückweg kann auch von Gleißen, das selbst Bahnstation ist, gewählt werden. Für Radfahrer und Kraftfahrer sind alle Ausflüge gleich gut zu machen. Die Chaussee über Königswalde, die auch bei der Fahrt nach Lagow benutzt wird, wird für diese Fahrt ebenfalls bis zur Einmündung in die Hauptchaussee Schermeisel – Zielenzig befahren, dann biegt man rechts auf Zielenzig zu ab und erreicht schon wenige hundert Meter nach dieser Einmündungsstelle den Zielenziger Stadtwald.

Günther-Fritz Mannheim, Zielenzig und seine Ausflüge, in: Neumärkisches Wanderbuch, Berlin und Landsberg a.W. 1929

der Stadtbefestigung, zur Nikolai-Kirche und zum Flüßchen Postumia (Postum) unternehmen.

 Anreise: mit dem Autobus von Gorzów Wlkp. (Landsberg/ Warthe), bis dort mit dem Zug aus Berlin über Kostrzyn (Küstrin); mit dem Autobus von Słubice (Frankfurt-Dammvorstadt), bis dort zu Fuß vom Bahnhof Frankfurt (Oder).

Abreise: mit dem Autobus nach Gorzów Wlkp, von dort weiter mit dem Zug Richtung Berlin, mit dem Autobus nach Słubice, von dort zu Fuß zum Bahnhof Frankfurt (Oder).

Übernachtung: in Lubniewice wie bei der Tour 9; in Sulęcin im Hotel ›Chrobry‹, Straße Kościuski 10, Pension ›Kacper‹, Platz Kościelny 4,

Touristenunterkunft SOKSIR, Straße Moniuszki 1.

Gaststätten und Geschäfte: in Lubniewice und in Sulęcin.

Die Tour kann auch als Rundwanderung zurück nach Lubniewice unternommen werden. Radwanderer können diese Tour mit der Tour 12 zu einer Tagesfahrt verbinden und vielleicht in Ostrów (Ostrow) übernachten. Ebenso ist es für sie möglich, am gleichen Tag über Ośno (Drossen) bis zu den Grenzübergängen in Küstrin-Kietz oder Frankfurt zurückzufahren. Das sind jeweils knapp fünfzig Kilometer.

In das Tal der Postum

Tour 12: von Sulęcin (Zielenzig) zum See Ostrowskie (Ostrower See) und zurück. Etwa 12 Kilometer.

Während dieser Wanderung lernen wir nur einen kurzen Abschnitt vom Tal der Postomia (Postum) kennen. Aber gerade hier zwischen Sulęcin (Zielenzig) und dem See Ostrowskie (Ostrower See) windet sich ihr Lauf durch eine Landschaft, die man als lieblich bezeichnen kann. Wiesen und manchmal fruchtbare Felder, auch Teiche und Baumgruppen bestimmen das Bild. Im geschlossenen Wald, wo der Fluß rund acht Kilometer weiter aus dem See Wędrzyn (Bürgersee) herkommt, ist es sicher urwüchsiger, zumal sich dort ein für Wanderer nicht zugänglicher Truppenübungsplatz befindet. Anschließend durchzieht die Postomia (Postum) einen breiten Talkessel.

Vom Zentrum in Sulęcin laufen wir direkt vom Marktplatz eine Gasse zum Fluß hinunter. Von der Fußgängerbrücke herab ist der Lauf der Postomia gut zu beobachten. Früher bestand hier außerhalb der Stadtmauer ein zusätzlicher natürlicher Schutz im Falle des Angriffs von Feinden. Etwas weiter flußabwärts finden sich Reste der mittelalterlichen Befestigungen.

Am anderen Ufer befindet sich der in jeder polnischen Kleinstadt übliche Basar. Wir wenden uns nach links und laufen parallel zum Fluß auf der Straße. Etwas weiter führt sie am Kulturhaus mit Bibliothek, am Sportstadion und an Tennisplätzen vorbei. Hier befindet sich zudem eine ruhige Wohngegend.

An der Aleja Ostrowskie kann man nach links einen Abstecher an die Postomia machen. Im Umfeld wurden mehrere Fischteiche angelegt. Wir bleiben jedoch, immer der Markierung folgend, geradeaus. Etwas bergan geht es in den Wald hinein. Vorher überblicken wir links das Flußtal, wo im Hintergrund bereits das Dorf Ostrów (Ostrow) beginnt.

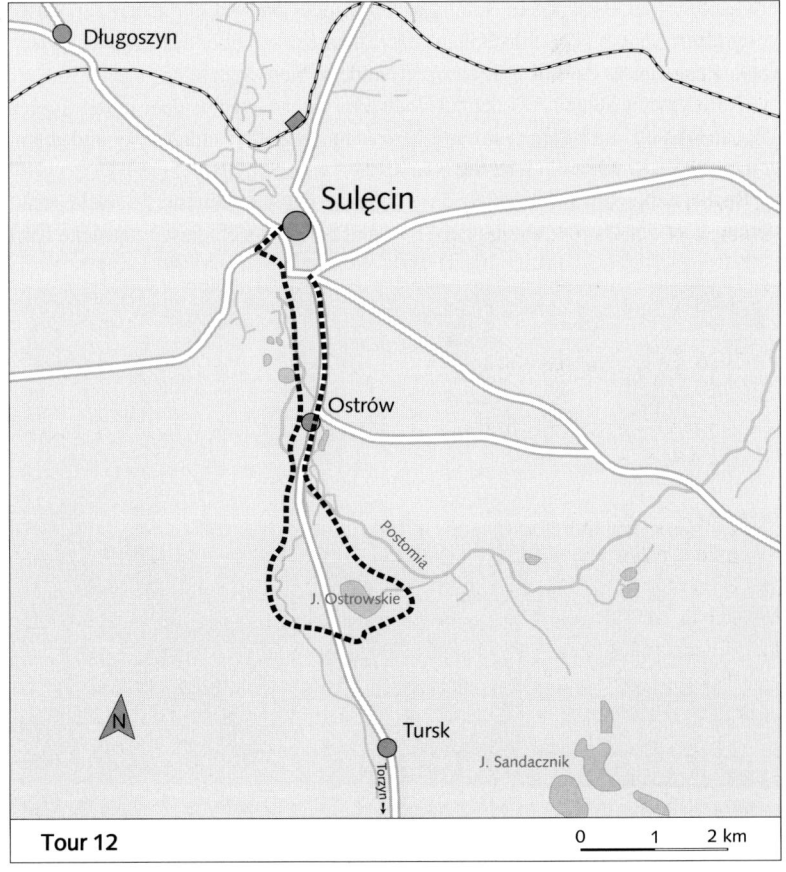

Tour 12   0   1   2 km

Wenn wir aus dem Wald heraus in den Ort gelangen, begeben wir uns jedoch nicht weiter hinein, sondern bleiben fast geradeaus wiederum im Kiefernforst. Wir folgen der Markierung, die zweimal nach links abbiegt und damit im Bogen an die Straße zurückführt. Diese wird allerdings nur überquert.

Zunächst führt der Weg geradeaus weiter und wendet sich dann nach links. Wir befinden uns auf dem richtigen Querweg, wenn wir auf die Badestelle am See Ostrowskie zukommen. Hier ist ein angenehmer Platz zum Ausspannen, von dem aus man den gegenüberliegenden Campingplatz sehen kann. Nach rechts führt der Wanderpfad anschließend um den See herum, der nicht groß ist, aber wegen seiner hübschen Lage gefällt.

Durch urwüchsigen Wald und über ein Fließ, das zur Postomia hin entwässert, gelangen wir, uns links haltend, an den Eingang des Sommer-Erholungszentrums ›Marina‹. Neben Bungalows in mehreren Qualitätsstufen stehen den Gästen ein breiter Steg mit Booten, ein Spielplatz für Kinder und Rasenflächen zur Verfügung. Zum Angeln oder zum Baden rudert man einfach über das stille Gewässer. Das ist ein wahres Paradies für naturverbundene Menschen.

Zurück nach Sulęcin (Zielenzig) wandern wir weiter auf dem unbefestigten Weg an Wiesen und Bäumen sowie einer Zuchtanlage für Puten vorbei und gelangen durch Wald schließlich an die Straße.

Rechts neben uns liegt das Tal der Postomia, die wir während der Weiterwanderung kurz vor Ostrów überqueren. Diesmal befindet sich dieses stattliche Dorf

Der See Ostrowskie

Die Postum

Von hervorragender Schönheit, einzigartig in ihrer Urnatur. Nur für geübte Faltbootfahrer. Strecke Zielenzig – Kriescht 9 bis 10 Stunden reine Paddel- und Umtragezeit. Für Anfänger das Doppelte! Die Postum entspringt aus dem Bürgersee nördlich Dorf Wandern, ca. 25 km nordöstlich Reppen. Bereits ab Wandern bei gutem Wasserstand fahrbar. Anfang besser in Zielenzig. Kürzester Landweg zur Ersten Mühle an der Bahn entlang. Aufbau 100 m unterhalb Mühle, da sonst gleich 3 Brückenstege zu umtragen. Übernachtungsmöglichkeiten: Forsthaus Neue Mühle (nur Heu), wenn für Fahrt zwei Tage angesetzt sind, sonst in Zielenzig, Nähe Bahnhof Gasth. Weber (1,50 M) oder in Stadt (10 Min.) Gasth. Zum Löwen (2 M), früh sehr zeitig losfahren! Zwischen Zielenzig und Kriescht fünf Mühlen und ein Stauwehr. Dieses gleich unterhalb Eisenbahnbrücke Zielenzig. Fahrt erst durch Wiesen in prächtig bewaldeter Hügellandschaft, dann ab Postumkrugbrücke durch alten wilden Hochwald bis Forsthaus Nesselkappe.

Diese Strecke schönster Teil der Fahrt. Von da weiteres Tal; von da bis Kriescht die letzten drei der fünf Mühlen. Abbau an Eisenbahnbrücke Kriescht, eine Minute vom Bahnhof.

Durch Abwässer der Stärkefabrik in Zielenzig ist Wasser bis Neue Mühle getrübt und als Trink- und Kochwasser unbrauchbar.

Hindernisse außer Mühlenstauen im einzelnen nicht aufzählbar. Baumstämme, spitzige Stümpfe unter Wasser. Sehr viele Windbruchstämme verschiedenartigster und bizarrster Formen. Dazu zahllose Fußpfadbaumstege (Diese auf keinen Fall entfernen!). Bei Überfahrung der vielen von selbst in das Bachbett geklemmten Stammschwellen immer Vorsicht! Bis Kriescht stets sehr starker Strom. Photographen nicht schon vor Postumkrugbrücke alle Platten verbrauchen, da von dort bis Forsthaus Nesselkappe schönstes Stück! Forsthaus Postumling liegt nicht mehr an der Brücke, wie auf Karten verzeichnet, sondern 30 Minuten weiter östlich (dort nur Trinkwasser!).

Die Postum. Erstbefahrung: April 1925, K. Ruhnke, Faltbootgruppe V. M. W., in: Friedrich Eduard Keller, Straube`s Führer für Wasserwanderer Hip Hip Hurra, I. Teil: Märkische und Mecklenburgische Gewässer, 5. Auflage Berlin 1925, Nachtrag

mit dem großen Mühlengebäude und der Kirche aus dem 14. Jahrhundert mit ihrem Turm von 1911 links auf dem ansteigenden Gelände neben uns. Vielleicht unternehmen wir einen kurzen Abstecher dorthin, verbunden mit einer Rast am Lebensmittelgeschäft.

Bis zum Ziel, dem Stadtzentrum von Sulęcin, sind es entlang der Straße noch etwa zwei Kilometer. Schließlich endet die Wiesenlandschaft mit den bewaldeten Höhen im Hintergrund und macht Wirtschaftsunternehmen, Villen, Mehrfamilienhäusern, Verwaltungsgebäuden und Geschäften Platz. An der Kreuzung vor der Innenstadt nach rechts einbiegend, wird der zentrale Autobushaltepunkt erreicht.

 Anreise: mit dem Autobus von Gorzów Wlkp. (Landsberg/ Warthe), bis dort mit dem Zug aus Berlin über Kostrzyn (Küstrin); mit dem Autobus von Słubice (Frankfurt-Dammvorstadt), bis dort zu Fuß vom Bahnhof Frankfurt (Oder).
Abreise: mit dem Autobus nach Gorzów Wlkp, von dort weiter mit dem Zug Richtung Berlin, mit dem Autobus nach Słubice, von dort zu Fuß zum Bahnhof Frankfurt (Oder).
Übernachtung: in Sulęcin wie bei Tour 11; am See Ostrowskie (Ostrower See) auf dem Campingplatz ›Marina‹ mit Bungalows.
Gaststätten: in Sulęcin.
Geschäfte: in Sulęcin und Ostrów.
Radwanderer können diese Tour mit der Tour 11 zu einer Tagesfahrt kombinieren. Auch als Zweitagesfahrt von den Grenzübergängen Frankfurt (Oder) oder Küstrin-Kietz aus ist für Radfahrer ein Besuch des idyllisch gelegenen Campingplatzes am See Ostroskie möglich.

Über Hügel und durch Buchenwälder

Tour 13: Von Lubniewice (Königswalde) nach Łagów (Lagow). Etwa 28 Kilometer.

Durch abwechslungsreiche Landschaften mit mehreren traumhaften Höhepunkten führt diese Wanderung zwischen den beiden bedeutendsten Urlauberzentren im Sternberger Land: Lubniewice (Königswalde) und Łagów (Lagow). Beide Städtchen sind von wundervollen Seen umgeben, so daß sich jeweils ein mehrtägiger Aufenthalt anbietet. Da die Entfernung für die Fußtour recht lang ist, wäre eine Übernachtung am Start- und auch am Zielort vorteilhaft, zumal die Anreise mit öffentlichen Verkehrsmitteln von Deutschland aus etwas umständlich ist.

Lubniewice wird in südlicher Richtung verlassen. Vom Zentrum mit dem ›Brunnen der guten Nachbarschaft‹ laufen wir an der Kirche vorbei und biegen zwischen Rathaus und Bushaltepunkt nach links ein. Links sieht man den See Krainik (Krainich) liegen. An der Gabelung bleiben wir rechts auf der Hauptstraße. Diese ist jedoch wenig von Autos befahren, da die Ausfallstraße in Richtung Sulęcin (Zielenzig) parallel dazu vorhanden ist.

Der Weg führt aus dem breiten Talkessel um den Ort herum hinaus. Bevor im Wald die Höhe erreicht ist, lohnt sich ein Blick zurück in die weite Flur.

Zwischen welligen Feldflächen und unter Alleebäumen kommen wir nach Glisno (Gleißen). Rechts sehen wir die nach Plänen von Karl Friedrich Schinkel errich-

Tour 13

0   1   2 km

Die Schinkel-Kirche in Glisno

tete Kirche, und nach geradeaus bietet sich ein Abstecher zu Park und Schloß an, das ein hübsches ›Klein Sanssouci‹ darstellt. Es dient als Kongreßhotel und Übernachtungsstätte. Links neben dem Anwesen führt uns eine Kopfsteinstraße bergan aus dem ansehnlichen Dorf heraus. Bald gelangen wir in eine liebliche bergige Landschaft. In die Felder sind kleine Baumgruppen eingestreut, so daß sich bis zu den Wäldern im Hintergrund eine schöne Weitsicht bietet. Abseits und später neben dem Weg befinden sich verstreute Bauerngehöfte.

Vor Trzemeszno Lubuskie (Schermeisel) stoßen wir an die für den Personenverkehr stillgelegte Bahnstrecke, die manchmal für Militärtransporte genutzt wird. Links einbiegend mündet unser Weg auf die Durchfahrtsstraße des großen Dorfes, das vorübergehend sogar Stadtrechte besaß. Von den Gutsgebäuden biegen wir nach rechts ein und überqueren nun die Bahngleise. Eine Allee mit stattlichen Bäumen führt uns zwischen Feldern, Wiesen und Wäldern in wundervolle Buchenforsten. Rechts beginnen Schilder mit Hinweisen auf militärische Flächen. Es wird immer bergiger, und schließlich erblicken wir rechts in einer Niederung ein Wiesengelände und dahinter den See Buszno (Großer Bechensee).

An seinem klaren Wasser sollte man eine Rast einlegen, auch wenn nebenan vielleicht Soldaten lagern oder ihre Zelte aufgeschlagen haben. Um das fast zwei Kilometer lange Gewässer herum erheben sich Buchenwälder und direkt in der Mitte der Blickrichtung im Hintergrund die höchsten Berge der einstigen Provinz Brandenburg, die Berge Bukowiec (Buchwaldhöhen) mit fast 230 Metern über dem Meeresspiegel.

Im Schloßpark

Schloß Glisno

Vor der Badestelle führt rechts ein Weg in den Wald. Er ist als Touristenpfad ausgeschildert, obwohl er mehrere Kilometer durch militärisches Sperrgebiet führt. Offiziell ist er im Sommer an den Wochenenden für Wanderer und Radwanderer frei. Aber auch an anderen Tagen begegnet man höchstens Uniformierten, die am See üben, beispielsweise Taucher.

Man sollte allerdings vorsichtshalber strikt auf der Trasse bleiben. Diese führt zunächst am See Buszno entlang, überquert dann nach links das Fließ zum See Buszenko (Kleiner Bechensee), um schließlich rechts abbiegend oberhalb von diesem entlang an der Nordspitze vom See Ciecz, auch Trześniowskie (Tschetschsee), anzugelangen.

Unterwegs bieten sich wundervolle Eindrücke. Zwischen den Bergen, die hauptsächlich mit Buchenwald bewachsen sind, windet sich der Weg an mehreren Biotopen vorbei. Links geht es in einem Naturschutzgebiet zu den höchsten Erhebungen hinauf. Bei Gabelungen halten wir uns einmal rechts und dann links.

Nahe des Grundstücks an der früheren Buchmühle geht es geradeaus und stark bergan weiter. Wir können nun entweder bis Łagówek (Neu Lagow) auf dem Kopfsteinpflasterweg bleiben oder uns nach rechts an das Ufer des Sees Ciecz mit einem streckenweise beschwerlichen Weg wenden.

Vor dem Ziel Łagów haben wir, geradeaus bleibend, nach dem großen Forst wieder Felder neben uns. An der Kolonia Łagów (Siedlung am Schloßberg) führt

Ins Brandenburgische hinein

Bahn nach Schermeisel (Reppener Bahn, 25 km). Die Sonntagskarten gelten wechselweise für Schermeisel und Lagow (Toppersche Bahn). Von Schermeisel Straße bis unmittelbar an den Großen Bechensee, an diesem entlang zum kleinen Bechensee mit dem Fischerhaus (Gasthof). Man kann beide Seen ganz umwandern.

Herrlich sind diese Wanderungen, wenn der Wald im ersten Grün steht, überwältigend aber, wenn er in den Herbstfarben flammt. Je nachdem, wie man sich den Tag einteilt, kürzt man den Hinweg zu den Seen ab, indem man zunächst wie oben die Kunststraße nimmt und dann kurz vor dem Walde rechts einbiegt. Man gelangt so unmittelbar zum Kleinen Bechensee. Da Fischerhaus und Buchmühle gute Unterkunft bieten, eignet sich der Buchenwald mit seinen vielen Abwechslungen gut zur Wochenendfahrt.

Oberhalb des malerischen Alten Fischerhauses am kleinen Bechensee der schönste Aussichtspunkt des Buchwaldes: der Zweiseenblick! Unten die Seen, rechts hinüber der 211 Meter hohe Inselberg und die 227 Meter hohe Buchwaldhöhe. Die höchste Erhebung in Brandenburg – noch einige Meter höher als der Rückenberg bei Sorau, der häufig als höchster Berg Brandenburgs genannt wird.

Vom Kleinen Bechensee über Forsthaus Buchspring zur Buchmühle am Nordende des Tschetschsees. Fahrt auf dem 5 Kilometer langen See zu dem an der Südspitze liegenden Lagow mit Motorboot oder Fußwanderung am Westufer des Sees nach Lagow. ›Genießer‹ tun mit Vorliebe dies: sie biegen kurz vor der Buchmühle rechts in den Weg ein, der oberhalb des Sees nach Kirschbaum führt. Bald tut sich links ein Blick auf, daß man mit ›Grieben‹ sprechen muß: »Es ist ein See von ungewöhnlicher Schönheit«. Man klettert dann zum See hinunter und geht am Westrande nach Lagow. Der See ist übrigens mit seinen 53 Meter einer der tiefsten Norddeutschlands.

… Schönow, was vielleicht ›Schöne Aue‹ bedeutet, macht seinem Namen Ehre und ist Sommerfrische. Es liegt versteckt im Tale, von vielen Kuppen und Waldstücken umgeben. Es ist ein immer fallendes und steigendes Gelände. Nördlich des Dorfes der über 170 Meter hohe Schloßberg mit großartigem Rundblick. Westlich davon der 195 Meter hohe Brümmelsberg. Von hier aus ist die Rundsicht noch umfassender als vom Taubenberg bei Zielenzig.

R. Ehrhardt, Ins Brandenburgische hinein, aus: Wanderungen um Meseritz, Frankfurt (Oder) 1936

nach rechts eine Nebenstraße an das Seeufer. Geradeaus gelangen wir direkt zum Autobushalteplatz und von dort nach rechts weiter in das Ortszentrum.

---

i Anreise: mit dem Autobus von Gorzów Wlkp. (Landsberg/Warthe), bis dort mit dem Zug ab Berlin über Kostrzyn (Küstrin), mit dem Autobus von Słubice (Frankfurt-Dammvorstadt), bis dort zu Fuß vom Bahnhof Frankfurt (Oder).
Abreise: mit dem Autobus nach Świebodzin (Schwiebus), von dort mit dem Zug nach Frankfurt (Oder).

Übernachtung: In Lubniewice wie bei der Tour 9, in Łagów wie bei der Tour 14, in Glisno im Schloßhotel (nur auf Anmeldung).
Gaststätten: in Lubniewice und in Łagów.
Geschäfte: außerdem in Glisno, Trzemeszno und Łagówek.
Radwanderer können diese Tour mit den Touren 14, 15, 16 oder 23 zu einer Tagesfahrt kombinieren.

Die Schönheiten der Sternberger Schweiz

Tour 14: rund um die Gewässer von Łagów (Lagow).
1. Wanderung: der See Łagowskie (Lagower See), etwa 10 Kilometer.
2. Wanderung: Der See Ciecz (Tschetschsee), etwa 18 Kilometer.
3. Wanderung: die Seen Czarne (Schwarzer See) und Ciche (Krügersee), etwa 18 Kilometer.

Bei unseren polnischen Nachbarn gilt Łagów (Lagow) mit seiner wundervollen bergigen Seen- und Waldlandschaft als schönster und wichtigster Erholungsort in der mittleren Oderregion. Sie nennen ihn liebevoll ›Das Kleinod des Lubusker (Lebuser) Landes‹. Diese Popularität bestand auch schon zur deutschen Zeit als Sommerfrische für naturverbundene Touristen aus Berlin und der Mark Brandenburg.

Die Landschaft hier ist einzigartig und oftmals besungen und beschrieben worden. So heißt es in ›Der märkische Wanderkamerad‹ von Paula Foerster (1934): »Die Mark hat hier eine solche Kraft und Wucht in ihre Landschaftsbilder hineingelegt, daß man sich buchstäblich die Augen reibt und fragt: Träumst du, oder ist dies wirklich deine märkische Heimat?«

Bei einem mehrtägigen Aufenthalt in der einst kleinsten Stadt Preußens beeindrucken vor allem Wanderungen um die Gewässer herum, aber auch der Panoramablick vom Bergfried der Lagower Burg aus.

1. Wanderung

Zur Umwanderung des Sees Łagowskie (Lagower See) verlassen wir das Ortszentrum durch das Tor Marchijska (Märkisches Tor) westwärts. Linkerhand zwischen den Gebäuden sehen wir den gut drei Kilometer langen und bis zu 750 Meter breiten See. Die Straße hält sich immer nahe am Gewässer. Es folgt eine Badeanstalt mit Bootsausleihe.

Hier hört die Hausbebauung am Ufer auf. An den letzten Häusern der anderen Straßenseite befindet sich noch ein Lebensmittelgeschäft mit Sitzgelegenheit im

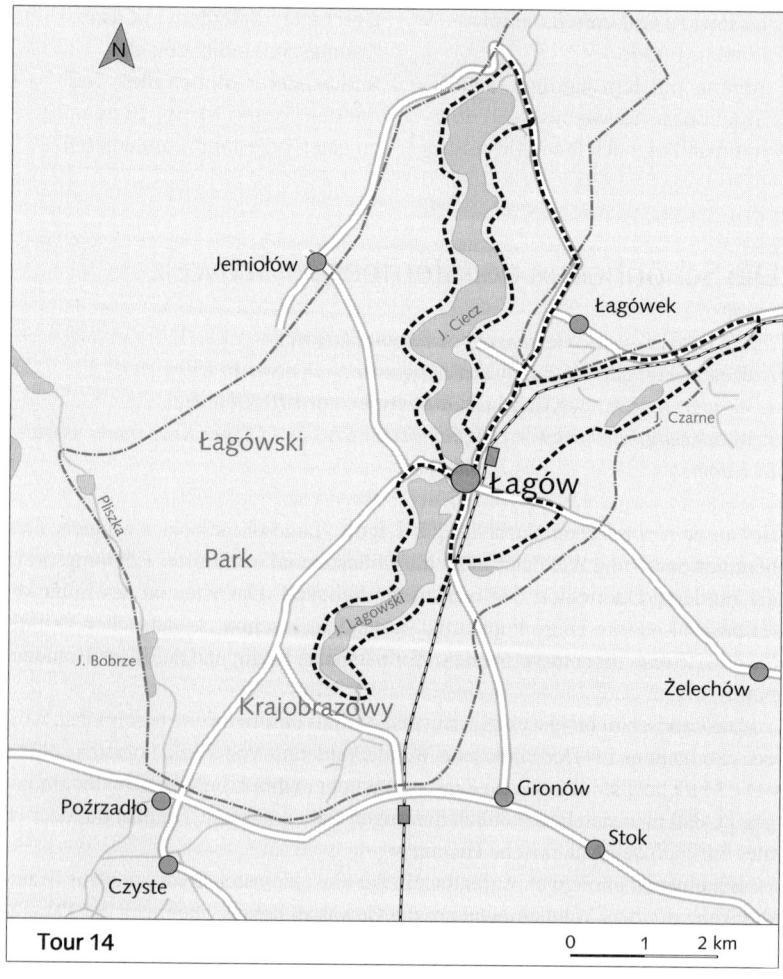

Tour 14   0   1   2 km

Freien. Dann beginnt ein wunderschöner Promenadenweg. Er verläuft zumeist etwas erhöht auf dem Rand an dieser stellenweise steilen Uferseite. Mehrmals kann man zu kleinen Badestellen oder Anglersitzen direkt an das Wasser heran. Die Seefläche mit dem gegenüber liegenden Ufer ist aber auch sonst fast immer im Blickfeld. Die Markierung als Radwanderweg biegt nach rechts ab, schließlich auch der gekennzeichnete Fußweg, der zum 178 Meter hohen Spiegelberg und weiter bis zum Bahnhof Drzewce (Leichholz) – siehe Tour 16 – führt.

Wir bleiben links in Seenähe, bis die Südspitze erreicht ist. Hier wird in einem moorigen Umfeld die Łagowa (Lagower Fließ) überquert. Nun gestaltet sich der Weg am Ufergelände entlang streckenweise schwierig. Das Terrain ist urwüchsig und wechselt in seiner Beschaffenheit, so daß Radfahrer mehrmals zum Absteigen gezwungen sind. Schließlich müssen wir uns vom See wegwenden und gelangen über einen Zufahrtsweg auf die Straße. Auf ihr wandern wir nach links und kommen am Campingplatz mit seinem vielfältigen Freizeit- und Übernachtungsangebot vorbei.

Ein Stückchen weiter führt über eine Wiese der Weg zu einem kleinen Campingplatz in idyllischer Lage auf einer Halbinsel mit Blick auf das Panorama von Łagów. Bald ist der Ort mit der Autobushaltestelle erreicht, und zum Zentrum biegen wir die erste Straße nach links ein.

Kurz vor dem Tor Polska (Polnisches Tor) gibt es neben der Brücke über dem Fließ auf Bänken einer kleinen Grünanlage die Gelegenheit, einen letzten Blick über den See Łagowskie zu genießen.

2. Wanderung

Der See Ciecz, auch Trześniowskie (Tschetschsee), ist rund fünf Kilometer lang, aber nur 100 bis 400 Meter breit. Wie ein ausgedehnter Fluß zieht er sich in Windungen zwischen den Berghängen hin. Innerhalb einer Seerinne von über 15 Kilometern Länge ist dieses Gewässer mit bis zu 56 Metern das tiefste in der Region. Es verfügt deshalb auch über das klarste Wasser, das hellgrün vor dem Betrachter schimmert und sich beim Schwimmen weich anfühlt.

Zwischen dem Eingang zum Burghotel und der Kirche beginnt die Tour zunächst in dem früheren Tiergarten. Der See grenzt direkt an diesen Park mit einigen prächtigen Bäumen, unter denen eine riesige Rotbuche auffällt. Von einem Holzsteg aus genießen wir den ersten Eindruck vom Gewässer.

Dann wenden wir uns nach links und bleiben auf dem Spazierweg immer in Wassernähe. Wo er in einen breiteren Weg mündet, befindet sich eine kleine Badestelle. Dann folgen mehrere Anglerplätze. Links neben uns an den Anhöhen ziehen sich Buchenbestände hin. Ein breiter Weg führt bergan nach Jemiołów (Petersdorf). Radwanderern ist dieser Umweg empfehlenswert, der vom dortigen

Dorfeingang, teilweise auf Kopfsteinpflaster, rechts einbiegend zur Nordspitze des Sees verläuft; der Promena-
denpfad wird nämlich stellenweise eng.

Wir gelangen in den Bereich eines
militärischen Geländes. Offiziell ist an
Wochenenden den Touristen der Durch-
gang gestattet, aber auch sonst finden
hier in Seenähe kaum Übungen statt.
Wenn das Nordende des Sees erreicht
ist, beginnt schwierigeres Gelände.
Auch hier ist Radfahrern der Umweg
über die Kopfsteinstraße anzuraten.
Niederungen und dichtes Gebüsch
sowie Abhänge zwingen zu Umwande-
rungen.

Schließlich folgen schöne Badestellen, aber auch nochmals schmale Hang-
wege. Oberhalb befinden sich bereits
Urlauberobjekte und Wohnhäuser. Dann
sieht man plötzlich den Turm der Burg

Der Bergfried von Łagów

vor sich. Der Fußpfad führt zur Straße hinauf, auf der wir nach rechts in das Zentrum von Łagów gelangen.

Die Umrundung des Sees Ciecz gilt seit über 100 Jahren als eine Tour, über die,
wie Paula Forster in ›Der märkische Wanderkamerad‹ urteilte, »nichts geht im
Rahmen märkischer Landschaften«.

3. Wanderung

Östlich der Seenkette von Łagów zieht sich wenige Kilometer weiter eine zweite
Mündung hin, in die mehrere kleine Gewässer eingebettet sind. Hier ist die Land-
schaft still und beruhigend, aber im Wechsel von Wald, Wiese und Flur sowie von
Hügeln und Tälern sehr mannigfaltig. Eine Badestelle lädt zur Rast ein.

Wir verlassen Łagów durch das Tor Polska (Polnisches Tor) und wenden uns
ortsauswärts nach links. Bergan bleiben wir immer auf der Straße, die an einer
Gabelung nach rechts abbiegt. Links neben uns liegt das Dorf Łagówek (Neu
Lagow), rechts folgt Wald. Hinter einigen Hügeln kommen wir an einem internationalen Campingplatz vorbei.

Kurz vor den Gebäuden der Braunkohleverladung von Sieniawa (Schönow)
weist nach rechts über die Gleise eine Wanderweg-Markierung in den Wald hin-

Lagow

Im Silberlicht des Mondes hebt sich vor dem Beschauer ein wunderbar reizvolles Bild aus den Fluten: auf sanft geschwungenem Hügel die dunklen Massen einer Burg, vom hochragenden Wartturm beherrscht, umgeben von einem Kränzlein kleiner Häuser, an ihren Fuß geschmiegt; eine schwarz gähnende Öffnung deutet das alte Mauertor an; den Eingang zur Stadt: das ist Burg und Stadt Lagow, umspült von den Fluten des Lagowsees. Der Tschetschsee, dessen Wellen sie von Norden her umschließen, liegt noch unserem Blicke verborgen.

Mit Buckow, dem vielbesuchten Mittelpunkt der ›Märkischen Schweiz‹ läßt sich Lagow am ehesten vergleichen – den herrlichen Wald, den Kranz prächtiger Seen hat es mit jenem gemein, und doch möchte ich Lagow den Preis zuerkennen.

Dies kleinste Städtchen der preußischen Monarchie liegt auf einer schmalen Landenge zwischen dem Lagow- und dem Tschetschsee. Erster ist fünf Kilometer, letzterer sieben Kilometer lang. Ihre Tiefe beträgt über 60 Klafter und ist wohl die Ursache ihrer dunkelgrünen Färbung, auch diejenige des Umstands, daß der Fischfang fast unmöglich ist. Ein 60 Meter langer Kanal, der vor dem Südtore die Landenge durchschneidet, verbindet beide Seen, die nach Ansichten von Geologen ursprünglich Gletscherseen gewesen sind. Die rings sie umschließenden Höhenzüge, Auszüge des uralisch-baltischen Landrückens, tragen den Namen der ›Spiegelberge‹, wohl weil sie sich im Wasser spiegeln. Ihr höchster Punkt, der ›Hohe Spiegelberg‹, erhebt sich südlich vom Lagowsee, nahe der lieblich gelegenen ›Grunower Mühle‹.

Noch reizvoller, als das Bild der Stadt und seiner Umgebung sich dem Beschauer am Uferrande darbietet, ist der Ausblick von der stolzen Höhe des Burgturms. Der älteste Teil der Burg ist das Eingangstor aus der Ritterzeit und der mächtige Bergfried. Das Innere des Schlosses hat einige sehenswerte Räume mit allerdings moderner Einrichtung; das Prunkstück ist der Rittersaal. Aber das Sehenswürdigste bleibt doch die Aussicht über die beiden Seen.

Wer von den modernen, kulturmüden Weltflüchtlingen Einsamkeit sucht, dem sei Preußens kleinstes Städtchen empfohlen. Wie man dorthin gelangen kann? Gewöhnlich per Bahn, auf einer Abzweigung der Strecke Frankfurt–Reppen–Posen von der Station Topper.

Florentine Gebhardt, Von Preußens kleinstem Städtchen ›Lagow‹, in: Die Provinz Brandenburg in Wort und Bild. Bd 2, Leipzig und Berlin 1912

ein. Wir biegen nochmals rechts ab und bleiben parallel zur Bahnstrecke, dann laufen wir nach links. An der einen Seite der Trasse breiten sich nun Felder aus.

Ein breiter Weg führt nach rechts in das bewaldete Tal hinab. Wir sehen unten einen kleinen See liegen, dem sich weiter links nach einer Landenge der See Czarne (Schwarzer See) anschließt. Hier an dessen Nordostspitze finden wir eine kleine Badestelle vor.

Zurück auf den Höhenweg kommen wir an die zugewucherte Südwestspitze des Gewässers heran. Dann geht es durch Felder bergan auf Łagów zu. Auf der Straße wandern wir nach links zunächst neben Obstbäumen und dann talwärts in den Wald. Dort biegen wir nach rechts ab. Links von uns erstreckt sich ein breites Wiesental mit Fließ. Wenn wieder beiderseits Wald ist, sehen wir links zwischen den Bäumen den kaum zugänglichen See Ciche (Krügersee). Von ihm führt der Weg nach rechts zum Bahndamm, den wir an einer Brücke überqueren. Geradeaus am Feldrand wandernd, ist in der Nähe vom Campingplatz die Straße erreicht. Nach rechts sind wir kurz darauf wieder in Łagów.

 Anreise: mit dem Autobus von Świebodzin (Schwiebus), bis dort mit dem Zug von Frankfurt (Oder) und Berlin.
Abreise: auf dem gleichen Weg.
Übernachtung: in Łagów z. B. im Hotel ›Zamek‹ in der Johanniterburg, Hotel ›Bajka‹, Straße Chrobrego 15, Hotel ›Patio‹, Straße Podgórna 8, Ferienheim ›Leśnik‹, Straße Chrobrego 10, Ferienheim ›Morena‹, Straße Chopina 2c, Herberge auf dem Pfarrgrundstück an der Straße Sulęcińska, Campingplatz am See ›Łagowskie‹, zahlreiche Pensionen und Privatquartiere.
Gaststätten und Geschäfte: in Łagów.
Radwanderer können alle drei Strecken zu einer Tagesfahrt kombinieren. Für sie ist der Ort während einer Tour von den Grenzübergängen Frankfurt (Oder) oder Küstrin-Kietz aus an einem Tag bequem zu erreichen, und zwar in jeweils etwa 70 Kilometern.

An den Trassenresten der Reichsautobahn

Tour 15: von Łagów (Lagow) nach Torzym (Sternberg). Etwa 20 Kilometer.

Diese größtenteils durch Wälder führende Wanderung kann man gut unternehmen, nachdem man in der Sommerfrische Łagów (Lagow) einen Aufenthalt genossen hat und nun vom Bahnhof Torzym (Sternberg) aus heimwärts fährt. Für

Radwanderer wäre es in diesem Fall der erste Abschnitt der Rückfahrt bis zum Grenzübergang in Frankfurt (Oder).

Unterwegs überqueren wir eine Trasse, die während der Zeit des Nationalsozialismus für den Bau einer Autobahn vorbereitet wurde. Vor allem in den Wäldern zwischen Rzepin (Reppen) und Pożrzadło (Spiegelberg) nördlich der Fernverkehrsstraße 2 (E 30) hatte man den Verlauf markiert und bereits mit Erdarbeiten begonnen.

Das Zentrum von Łagów wird durch das Tor Marchijska (Märkisches, auch Berliner Tor) verlassen. Vorbei an einer Badeanstalt mit Blick auf den See und an der Tankstelle bleiben wir immer auf der Hauptstraße, der Toporowska. Während bergan rechts der Wald beginnt, erstreckt sich zur Linken ein Terrain mit vielen neu gebauten Häusern. In dieser angenehmen Wohngegend bestehen zahlreiche Übernachtungsmöglichkeiten in Pensionen und Privatquartieren.

Ein Stückchen weiter folgt rechts der Hinweis auf ein Naturschutzgebiet mit einem Hochmoor und seinem Umfeld. Dahinter wird in den nächsten breiten Weg eingebogen. Er ist bis zum Tagesziel als Fahrradweg gekennzeichnet, streckenweise mit seinem Kopfsteinpflaster allerdings für Rennräder nicht ideal.

Im schönen Buchenforst sehen wir viel Blaubeerkraut. Bald geht es bergab auf ein breites Tal zu. Aus dem See Malcz (Malzsee) weiter nördlich entspringt die Pliszka (Pleiske), die wir zwischen den Wiesen als noch schmales Fließ überque-

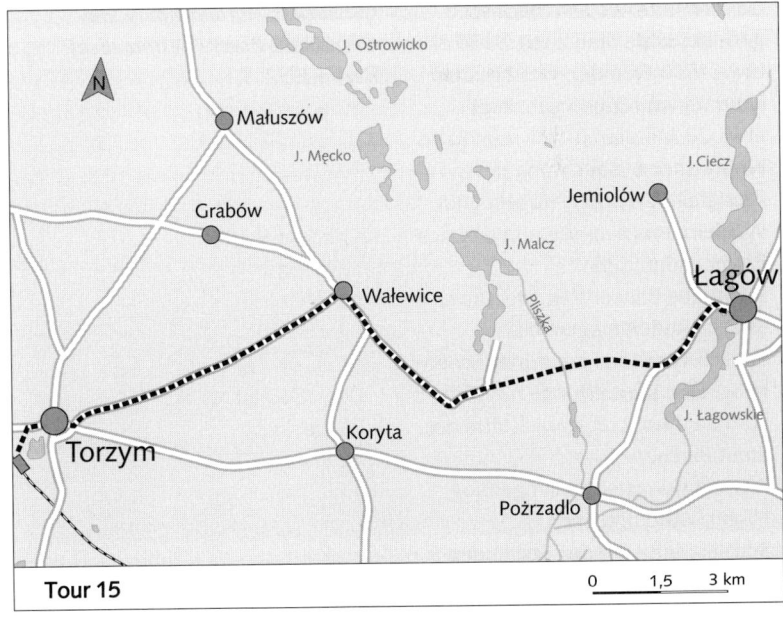

Tour 15   0   1,5   3 km

Sternberg

39 km Sternberg, 2060 Einwohner
(Hotel Deutsches Haus, Hohen-
zollernstraße 16, 15 Betten, Restau-
rant; Hotel Reichsgarten, Roßmarkt
9, 8 Betten, Restaurant; Hotel Mark
Brandenburg, Frankfurter Straße
26, 10 Betten; Gasthaus Schützen-
haus, Schützenhausstraße 2; Zur
Sonne, Schwiebuser Straße 22;
Wilhelmshöhe, Bahnhofstraße 53,
10 Betten; Zum Hohenzollern,
Frankfurter Straße 20, 12 Betten;
Zum Goldenen Stern, Roßmarkt 7,
12 Betten; Schwarzer Adler,
Roßmarkt 8, 16 Betten und andere.
Pensionen: Villa Melite, Leschke,
Lehmann, Rückner, Zeltinger und
andere).

Auskünfte: Verkehrsverein.

Das sehr alte, als Sommerfrische
gern besuchte Städtchen (1930
etwa 1500 Fremde), welches dem
Land seinen Namen gab, liegt
etwa 20 Minuten östlich vom Bahnhof in einer Ausbuchtung des
Eilangtales zwischen Hügeln und
Wäldern am Eilangsee, um den sich
Promenaden ziehn.

Städtische Badeanstelt, steinfreier
Strand, Rudergelegenheit.

Südlich vom See Frankfurter Ferienheim. Eine Viertelstunde nördlich
vom Bahnhof Lungenheilstätte der
Stadt Berlin.

Abwechslungsreiche Umgebung,
Hügel, Wald und Seen.

Spaziergänge um den See in den
fünf Minuten entfernten Stadtwald,
zum Alten Haus im Eilangtal eine
halbe Stunde, zum Wilken- und
Karschesee vierzig Minuten.

Wanderungen: Nach Bottschow
sowie durchs Eilangtal nach Reppen.
Schöne Wanderungen in den
hügeligen Laub- und Mischwäldern
südlich der Stadt. Nach Lagow:
Chaussee nach Korritten, jenseits
des Dorfes links ab, nordöstlich,
bald durch Wald, das Pleisketal,
später die Chaussee Spiegelberg –
Lagow kreuzend, dann bergab
zum Lagower See und am Westufer
nördlich zur Stadt.

Durch prächtigen Wald zum Bahnhof Leichholz. Dorf Leichholz liegt
fast eineinhalb Stunden südwestlich
vom Bahnhof.

Grieben Reiseführer Band 220:
Ostmark (Ostbrandenburg und
Grenzmark Posen-Westpreußen),
Berlin 1932

Gaststätte in Torzym

ren. Neben dem sich anschließenden Waldweg herrschen jetzt Kiefern vor, ab und zu mit Laubbäumen gemischt.

An einer Gabelung biegen wir nach rechts ab. Bald breiten sich beiderseits von uns Felder aus, und es geht bergan aus der Niederung heraus auf Walewice (Wallwitz) zu. Wir durchwandern das im 13. Jahrhundert gegründete Angerdorf, bis links vor einem Teich eine Straße abzweigt. Im Bogen um mehrere Grundstücke herum, darunter ein Lebensmittelgeschäft, führt sie aus dem Ort heraus.

Auch hier folgt eine hügelige Kopfsteinpflasterstraße zwischen Alleebäumen und Feldern. Bald ist jedoch wieder Wald erreicht. Von der ersten großen Wegekreuzung nur einige hundert Meter nach links lohnt sich der Abstecher zur einstigen Baustelle der Autobahn. Inzwischen zugewachsen, ist aber noch die Aufschüttung für die Fahrbahn zu erkennen.

Auf einem Pfad der vorgesehenen Trasse gelangen wir wieder auf unseren breiten Waldweg zurück. Den Spuren der geplanten Autobahn kann man nördlich weiter folgen.

Unser abwechslungsreicher Fahrweg ist stellenweise unbefestigt, hinter der Kolonie Rożnówka (Vorwerk Blankenburg) aber ständig mit Kopfsteinpflaster ausgestattet. Wir kommen aus dem Wald heraus und sehen links über Felder hinweg den Verkehr auf der Straße zwischen Frankfurt (Oder) und Poznań (Posen).

Torzym wird auf einer Nebenstraße erreicht. An der Kirche mit ihrem hübsch gestalteten Umfeld bietet sich eine Pause an. Das Gotteshaus entstand unter dem Einfluß von Karl Friedrich Schinkel um 1835.

Nach links kommen wir am Marktplatz mit mehreren Geschäften und Sitzgelegenheiten vorbei. Der Ort hatte schon früher und auch heute wieder Stadtrechte, macht aber eher einen ländlichen Eindruck. Einst benannt nach dem Magdeburger Erzbischof Konrad von Sternberg, gab er im Mittelalter einer größeren Region ihren Namen ›Sternberger Land‹.

Vorbei an einer Gaststätte in burgähnlicher Gestaltung überqueren wir die stark frequentierte Fernstraße. Geradeaus und dann den nächsten Fußweg nach rechts gelangen wir mit diesem Abstecher zur Badestelle am See Ilno (Eilangsee). Die Markierung führt jedoch bereits vom Marktplatz nach rechts auf die Fernstraße zu, auf ihr ein kurzes Stück entlang und dann links bis kurz vor die Bahnstrecke. Bald ist nach rechts etwas weiter der Bahnhof von Torzym erreicht.

 Anreise: mit dem Autobus von Świebodzin (Schwiebus), bis dort mit dem Zug von Frankfurt (Oder).

Abreise: mit dem Zug nach Frankfurt (Oder).

Übernachtungen: in Łagów z. B. im Hotel ›Zamek‹ in der Johanniterburg, Hotel ›Bajka‹, Straße Chrobrego 15, Hotel ›Patio‹, Straße Podgórna 8, Ferienheim ›Leśnik‹, Straße Chrobrego 10, Ferienheim ›Morena‹, Straße Chopina 2c, Herberge auf dem Pfarrgrundstück an der Straße Sulęcińska, Campingplatz am See ›Łagowskie‹, zahlreiche Pensionen und Privatquartiere. In Torzym im Hotel ›Chrobry‹, Straße Warszawska 1, Hotel ›Paradise‹, Straße Swiebodzińska 21, Motel ›U Sosny‹, Straße Krońieńska 29, Motel ›Marco‹, Straße Wojska Polskiego 43, und weitere Quartiere.

Gaststätten: in Łagów und in Torzym in den Hotels und Motels.

Geschäfte: außerdem in Walewice.

Radwanderer können diese Tour mit der Tour 17 oder 19 zu einer Tagesfahrt kombinieren. Oder sie fahren am gleichen Tag bis zum Grenzübergang zurück, wobei nicht die Hauptstraße, sondern in südlicher Umgebung der Weg über Debrznica (Döbbernitz), Mierczany (Hildesheim) und Lubin (Wildenhagen) genommen wird. Wenn in Torzym etwas Zeit bleibt, lohnen sich Ausflüge nordwestlich der Stadt entlang des Tales der Ilanka (Eilang) oder südöstlich in die hügelige Waldlandschaft um die idyllisch gelegenen Seen Trawno und Trawiensko (Vorder- und Hinterrasensee) herum unweit der Bahnstrecke.

Von der Pleiskeniederung in die Berge

Tour 16: Vom Bahnhof Drzewce (Leichholz) nach Łagów (Lagow). Etwa 15 Kilometer.

Dieser markierte Wanderweg ist die schönste Strecke von der Eisenbahnlinie Frankfurt (Oder) – Poznań (Posen) aus in das Urlauberparadies Łagów (Lagow). Leider halten nicht alle Regionalzüge in Drzewce (Leichholz), so daß man unter Umständen eine Station weiter in Toporów (Topper) aussteigt. Von dort ist der Weg sogar kürzer, führt aber nicht durch solch wundervollen Wald. Vom Dorf aus auf der Landstraße Richtung Norden und durch Czyste (Topper-Grunewald) stoßen wir bei der Überquerung der Fernstraße auf unseren gekennzeichneten Weg.

In Drzewce fällt nach dem Aussteigen sogleich das große Bahnhofsgebäude auf, ein imposantes Bauwerk im Fachwerkstil. Wir laufen in Fahrtrichtung weiter

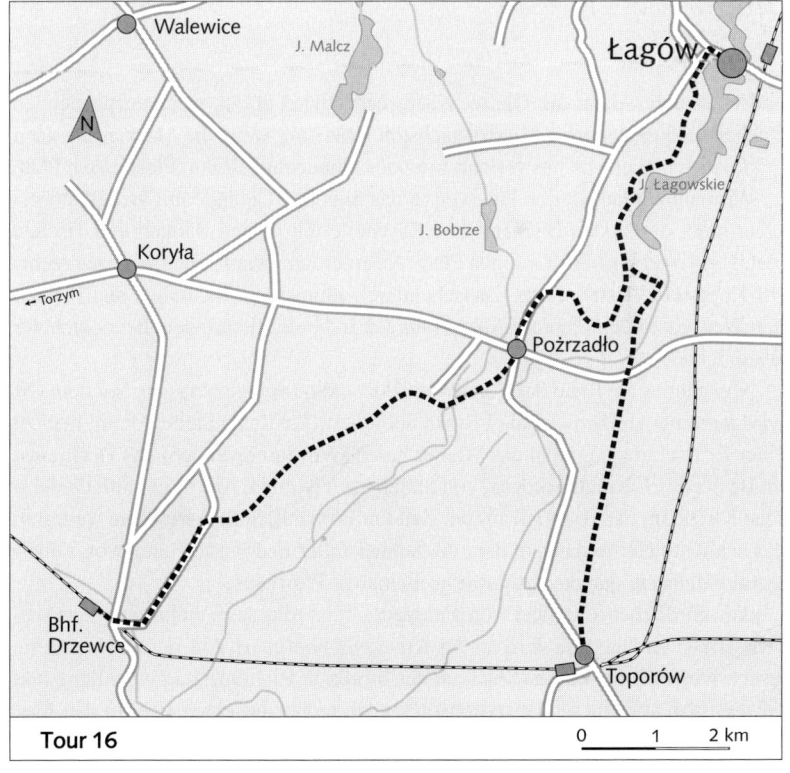

Tour 16

0   1   2 km

Das Herrenhaus in Pożrzadło

und überqueren dann die Gleise. Nach rechts wird in den schattenspendenden Buchenwald eingebogen. An der nächsten Kreuzung weist die Markierung nach links. Auch östlich von uns verläuft nahe des Flüßchens Pliszka (Pleiske) ein Pfad.

Wir nehmen jedoch den Fahrweg in das hügelige Gelände mit viel Blaubeerkraut unter den hohen Buchen. Eine Raststelle mit langen Bänken und Tischen bietet unterwegs großen Gruppen Platz. An einer Kreuzung gehen wir nach rechts auf Kopfsteinpflaster weiter. Zwischendurch säumen auch Lärchen und Fichten den Weg. Es folgen mehrere Abzweigungen in beide Richtungen, bevor sich der Wald lichtet.

Nun geht es am Rand des Forstes auf Pożrzadło (Spiegelberg) zu. Vor dem Ort wird auf einer Holzbrücke die Pliszka überquert. An dieser Stelle kommt man zu einer Erfrischung sogar an das Wasser heran. Wir durchwandern das Dorf, einst im Besitz des Johanniterordens, von Süden nach Norden. Am Anger fällt die hübsche Kirche im Fachwerkstil aus der Zeit um 1700 auf. Sehenswert sind weiterhin das schlichte Herrenhaus, in dem die Schriftsteller Fedor und Hanns von Zobeltitz aufwuchsen, und das restaurierte ehemalige Pfarrhaus.

Am nördlichen Ortsrand von Pożrzadło führt die stark befahrene Fernverkehrsstraße entlang. Sie wird an der Kreuzung überquert. Auf der anderen Seite laufen wir noch ein kurzes Stück an der Straße in Richtung Łagów entlang und biegen dann vor einem Hausgrundstück nach rechts auf einen Pfad in den Kiefernwald ein. Bald wird es hügelig, und der Weg führt nach links. Dann weicht die

Ausflug nach Lagow

Der lohnendste Zugang ist der von Bahnhof Leichholz über Forsthaus Dikte (3 1/2 Stunden), der kürzeste der von Topper um die Ostseite des Lagower Sees (2 1/4 Stunden).
Von Bahnhof Leichholz nach Lagow.
(a) Direkt (3 Stunden). Östlich über die Bahn (8 Minuten). Jenseits rechts die Straße 12 Minuten bis etwas vor der an der Pleiske gelegenen Taubenmühle; hier links, noch kurze Zeit durch schönen, dann durch mäßigen Wald, zuletzt in der Nähe von Forsthaus Teufelsvorwerk (links) vorbei, zur Sternberger Chaussee und rechts sogleich über die Pleiske nach Spiegelberg (80 Minuten; Gasthaus, zum Übernachten), mit Gut der Familie von Zobeltitz. Lohnender und kaum weiter ist die Wanderung an der Pleiskeniederung: vor der Taubenmühle gleichfalls links, aber schon nach 2 Minuten rechts ab Pfad am Waldrande, bald durch dichtes Laubgebüsch zur Topperschen Sägemühle, dann bequeme Wanderung am Waldrande, erst ganz zuletzt links in 2 Minuten zum Hauptwege, 12 Minuten vor der Chaussee.
Östlich von Spiegelberg Straße durch gemischten Wald in die Berliner Vorstadt von (1 1/4 Stunden) Lagow.
(b) Über Forsthaus Dikte (3 1/2 Stunden). Östlich der Bahn (8 Minuten). Jenseits links die Straße; nach 2 Minuten halbrechts zunächst durch Buchen und Eichen, an Forsthaus Koritten (links abseits) vorüber zur (55 Minuten) Sternberger Chaussee bei Forsthaus Dikte. Weiter durch Laubwald zur Straße von Koritten (20 Minuten; nach 12 Minuten rechts kürzender Fahr- dann Fußweg). Diese rechts meist durch hohen Nadelwald, nachher über die Pleiske, zur (70 Minuten) Straße von Spiegelberg und auf ihr in 35 Minuten zur Stadt.
Von Topper nach Lagow (2 1/4 – 2 1/2 Stunden). Am Nordwestende des Dorfes Landweg zur Sternberger Chaussee (Stein 50,3), westlich von der Grunower Mühle (Schenke). In derselben Richtung weiter östlich von dem bewaldeten, aber aussichtslosen Spiegelberg (178 Meter) in der Niederung des Lagower Fließes nach (20 Minuten) Forsthaus Lindengrund. Weiter halbrechts kurze Zeit durch guten Wald, dann nahe der Ostseite des Lagower Sees mit schönem Blick nach dem Städtchen an den Weg von Grunow und links in die polnische Vorstadt; – oder angenehmer, aber weiter: von Forsthaus Lindengrund geradeaus zum (9) Minuten Südende des Lagower Sees, links Pfad zum (6 Minuten) Bismarckplatz, dann breiterer Weg immer am Westufer des Sees, bald nach dem ersten Blick auf den Ort vom See links ab aufwärts und durch Feld (Blick) zum (50 Minuten) Anfang der Berliner Vorstadt, fünf Minuten vor dem Schwarzen Adler.

Emil Albrecht

Markierung unvermittelt nach rechts ab. Wir machen an dieser Stelle nämlich einen Umweg über den Spiegelberg, eine Erhebung von 178 Metern über dem Meeresspiegel. Für Radwanderer ist der Anstieg zu mühevoll. Sie bleiben immer auf dem breiten Fahrweg, der sich zwischen Bergen und Tälern durch schönen Wald, zumeist Buchen, dahinwindet.

Zwischenzeitlich gelangen wir auf Kopfsteinpflaster und folgen ihm nach rechts. Ein Stückchen weiter sind wir wieder auf dem gekennzeichneten Weg angekommen. Er führt nach links in den dichten Forst und direkt auf das südliche Ende des Sees Łagowskie (Lagower See) zu.

Am langgestreckten Gewässer entlang befinden wir uns nach links nun auf einem herrlichen Promenadenweg, der zumeist etwas auf dem Höhenrand verläuft. Nach mehreren Anglersitzen folgen auch kleine Badestellen, an denen man sich wunderbar erfrischen kann. Schließlich sehen wir in der Ferne den Bergfried der Burganlage von Łagów und somit das Tagesziel. Wir bleiben immer in Wassernähe, bis wir im Ort angekommen sind. Wenn wir bis zum Bushaltepunkt wollen, dann muß die einst kleinste Stadt Preußens allerdings noch durchquert werden.

 Anreise: mit dem Zug von Frankfurt (Oder), eventuell bis Toporów.
Abreise: mit dem Autobus nach Świebodzin (Schwiebus), von dort mit dem Zug nach Frankfurt (Oder). Übernachtung: in Łagów z. B. im Hotel ›Zamek‹ in der Johanniterburg, Hotel ›Bajka‹, Straße Chrobrego 15, Hotel ›Patio‹, Straße Podgórna 8, Ferienheim ›Leśnik‹, Straße Chrobrego 10, Ferienheim ›Morena‹, Straße Chopina 2c, Herberge auf dem Pfarrgrundstück an der Straße Sulęcińska, Campingplatz am See ›Łagowskie‹, zahlreiche Pensionen und Privatquartiere.
Gaststätten und Geschäfte: in Pożrzadło und in Łagów.

Radwanderer können diese Tour mit den Wanderungen der Tour 14 oder mit der Tour 15 bzw. 23 zu einer Tagesfahrt kombinieren.
Im ersten Fall ist eine Übernachtung in Łagów zu empfehlen, während im zweiten die Rückfahrt mit dem Zug am gleichen Tag möglich ist. Als zweite und etwas kürzere Variante mit etwa zwölf Kilometern Länge bietet sich der direkte Weg vom Bahnhof Toporów an. In diesem Fall geht es von dort rechts von der Kirche abzweigend und dann wieder links durch Felder und Wälder direkt nördlich auf den See Łagowskie zu.

Quer durch die Sternberger Heide

Tour 17: von Torzym (Sternberg) nach Gądków Wielki (Groß Gandern). Etwa 15 Kilometer.

Südlich von Torzym (Sternberg) breitet sich ein weites Waldgebiet aus, das von einer Seenkette durchzogen wird. Die vorgeschlagenen Wanderung quer hindurch ist nicht sehr lang, so daß die An- und Abreise mit dem Zug beispielsweise von Berlin aus an einem Tag bequem geschafft werden kann. Unterwegs kommen wir durch keinen Ort, es ist also an ausreichend Proviant zu denken.

Der Bahnhof von Torzym befindet sich außerhalb der Stadt. Von hier bis zum Zentrum wurden zahlreiche Siedlungshäuser errichtet. Wir verlassen den Bahnhofsvorplatz geradeaus und biegen die nächste Straße nach rechts ein. Sie endet

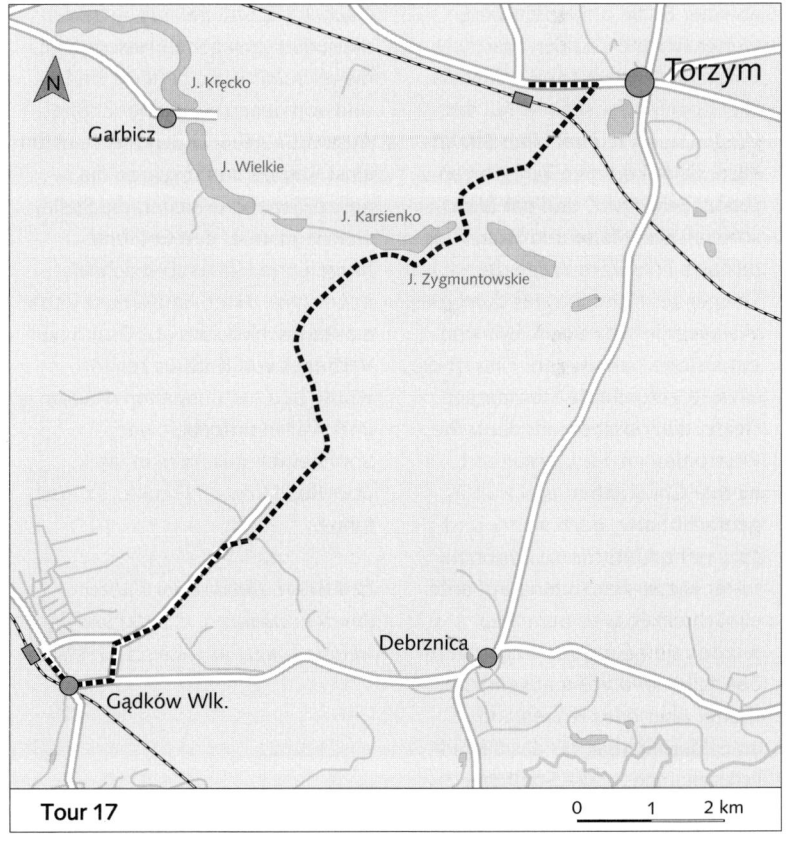

Tour 17

0   1   2 km

Der Sternberger Harz

Eine lohnende Tour kann für gute Fußgänger nach dem Sternberger Harz ausgeführt werden. Man fährt bis Großgandern; das Dorf läßt man rechts liegen und geht immer geradeaus und bergan, bis man in den anfangs parkähnlich gehaltenen Wald kommt. Nach zehn Minuten ein Scheideweg, hier muß man rechts gehen! Dann zieht sich der Weg etwa eine Stunde lang immer durch Kiefernwald, vorbei an einer Eiche, an der ein Wegweiser steht, bis zu den drei Weghügeln, einer Laubwaldstelle. Hier beginnt der schöne Teil des Weges, zunächst mit einer Birkenallee, dann kommen Tannen von großer Schönheit, und der Blick schweift über Täler und Hügel, bis plötzlich links vom Wege der Spiegel des Karschensees durch das Waldesgrün schimmert. Wir sind auf historischem Boden. Dies ist die einst so gefürchtete Sternberger Heide, die, obschon der deutsche Ritterorden im 13. Jahrhundert hierher Christentum und Kultur gebracht hatte, doch im 14. und 15. Jahrhundert für die zur Frankfurter Messe ziehenden Kaufleute ein Schrecken war; denn hier wurden sie häufig von Raubrittern überfallen und völlig ausgeraubt. Weiter über ödes Höhenland, an Feldern vorbei, bis das freundlich gelegene, uralte Städtchen Sternberg (Station an der Bahnlinie Frankfurt – Bentschen) am Eilangsee, um den schöne Waldungen und Promenaden liegen, erscheint. Hier das Frankfurter Ferienheim (Dr.-Göpel-Stiftung) und eine Lungenheilanstalt für Schöneberg. Auch für musikalische Genüsse wird seitens der Stadtkapelle gesorgt. Im ›Deutschen Hause‹ sind Speise und Trank gut und billig. Sehenswert das Postgebäude, sowie das vor ihm befindliche Kriegerdenkmal. Oberförsterei des Fürsten von Hohenzollern.

Nach 1 1/2 Std. gelangt man auf die südlich gelegenen Hasenberge, die reich mit Wald bedeckt sind, und von denen man eine schöne Aussicht genießt. Auch hier hausten einst Räuber und machten die ganze Gegend unsicher; die Stelle, welche man als den Ort ihrer Burgen und Höhlen bezeichnet, nennt man ›Altes Haus‹, Burg Reba, ein Raubschloß, das auf Grund des Vertrages von Kottbus zerstört wurde und mit doppelten Mauern und Wällen umgeben war.

Von Sternberg kann man direkt über Reppen nach Frankfurt zurückfahren.

Leo Woerl, Illustrierter Führer durch Frankfurt a. d. Oder und die weitere Umgebung, Leipzig 1908

auf eine Querstraße, hinter der der Wald beginnt. Dort wenden wir uns neben einem Sportplatz nach rechts und überschreiten die Bahngleise.

Die Straße geht in einen unbefestigten Weg über. Nur noch wenige Felder, und der Wald umfängt uns. Wir achten nun ständig auf die Markierung, und müssen, ihr folgend, einmal nach rechts und dann scharf nach links die Richtung verändern. Danach geht es bergab zur Seenrinne herunter. Rechts neben uns taucht der See Karsienko (Karschsee) auf, während links der See Wilcze (Wilkensee) hinter der sumpfigen Niederung nur zu erahnen ist.

Am Südrand des Sees Karsienko verläuft ein wunderschöner Promenadenweg. Wir wandern hier auf dem Höhenrand des Ufers im Mischwald, fast immer mit dem Blick auf das schmale Gewässer. Schließlich führt der Waldweg nach links durch hügeliges Gelände bergan. Etwas weiter biegen wir nach links auf einen anderen Weg ein, der bald wieder nach rechts verlassen wird.

Nachdem wir bislang viel Blaubeerkraut neben uns hatten, ist es nun verstärkt sandig, auch wenn wir an einer abgeholzten Fläche nach links auf den Droga Powiatówka, also den Kreis-Weg, einbiegen. Nun gelangen wir nach zwei Kurven auf eine markante Kreuzung zu. Mitten auf diesem Schnittpunkt erhebt sich eine mächtige Eiche, die als Naturdenkmal gekennzeichnet ist. An ihr wird nach rechts auf einen breiten, recht sandigen Weg abgebogen. Nun wandern wir immer gerade aus, auch wenn unterwegs der markierte Weg nach links abzweigt. Nachdem bisher weite Strecken trockener Kieferforst vorgeherrscht hatte, ist die Baumvegetation nun sehr abwechslungsreich. Sogar Fichten und Lärchen säumen die Wegstrecke.

Schließlich wird es wieder sandig, wenn sich jetzt die hügelige Landschaft stark verändert. Wir treten nämlich aus dem Wald heraus und haben neben uns nun die Feldmark von Gądków Wielki (Groß Gandern), das wir bald vor uns liegen sehen. Das Dorf mit seiner hübschen Kirche gehörte einst dem Johanniterorden und wurde um 1500 als Städtchen bezeichnet.

An der Kreuzung im Zentrum halten wir uns rechts und überqueren die Bahngleise. Wiederum nach rechts führt die Straße im Bogen an die Bahnstrecke zurück. Den Ort lassen wir bereits hinter uns, wenn wir unter einer Brücke hindurch nach links den Bahnhof mit seinem für ein Dorf imposanten Gebäude

Denkmal in Gądków Wielki

erreichen. Ohne daß der Ort durchquert wird, führt als Abkürzung auch eine asphaltierte Allee bis zur Station.

 Anreise: mit dem Zug von Frankfurt (Oder).
Abreise: mit dem Zug nach Rzepin (Reppen), von dort mit dem Zug nach Frankfurt (Oder).
Übernachtung: in Torzym im Hotel ›Chrobry‹, Straße Warszawska 1, Hotel ›Paradise‹, Straße Swiebodzińska 21, Motel ›U Sosny‹, Straße Krońieńska 29, Motel ›Marco‹, Straße Wojska Polskiego 43, u. a. Gaststätten und Geschäfte: in Torzym und in Gądków Wielki. Radwanderer können diese Tour mit Tour 15, Tour 18 oder Tour 19 zu einer Tagesfahrt kombinieren. Für einen Zwei- oder Mehrtagesaufenthalt ist als Quartier das Erholungsobjekt am See Wielickie südlich von Gądków Wielki zu empfehlen.

Durch anmutigen Forst zum Hammerwerk

Tour 18: von Gądków Wielki (Groß Gandern) nach Pliszka (Pleiskehammer). Etwa 15 Kilometer.

Nicht immer und überall kann man sich auf markierte Wanderwege verlassen. Manchmal sind eine fehlende Brücke, ein eingezäuntes Privatgelände oder ein Sumpf unüberwindbare Hindernisse. Auf diese Schwierigkeiten kann der Wanderer stoßen, der von Wielki (Groß Gandern) nach Pliszka (Pleiskehammer) wandern möchte. Es findet sich jedoch auch eine gangbare Wegstrecke, um die Landschaft zwischen den zwei Stationen an der Strecke Rzepin (Reppen) – Zielona Gora (Grünberg) kennenzulernen.

Seitdem der Bahnhof Groß Gandern dieser Linie 1876 eröffnet wurde, ist er ein beliebter Ausgangspunkt für wandernde Naturfreunde. Hier am Mittellauf der Pliszka (Pleiske), wo einst die Grenze zwischen den Kreisen Crossen (Krosno) und Weststernberg bestand, findet man einige seltene Tierarten vor. Dazu gehören unter anderem der Graureiher und der Eisvogel.

Nach der Ankunft am Bahnhof Gądków Wielki (Groß Gandern) laufen wir ein Stückchen in Fahrtrichtung und biegen dann nach rechts durch die Unterführung unter der Bahntrasse ein. Dahinter wandern wir parallel zum Bahnkörper. Bevor die Hauptstraße im Ort nach links über die Gleise abbiegt, wenden wir uns nach rechts. Hier aus dem Dort hinaus in südlicher Richtung wurden zahlreiche Wohngrundstücke angelegt.

Geradeaus durch Wiesen und Wald geht es bis zu der Stelle, an der ein fester Weg nach rechts abzweigt. Er führt uns als Abstecher zu einem attraktiven Urlauberobjekt am Ufer des Sees Wielicko (Großer See). Dort kann man in Bungalows zwischen Bäumen übernachten, sich am sandigen Strand ausruhen, schwimmen oder Boot fahren.

Zurück und auf dem Hauptweg gelangen wir bald auf die hölzerne Brücke über die Pliszka. Der Fluß, der kurz darauf den See Wielicko (Großer See) durchfließt, bietet ein stimmungsvolles Bild. Auf den breiten Fahrweg stößt von rechts die Markierung des Wanderpfades, den wir rund um das Gewässer nicht nehmen konnten, weil an der Stary Młyn (Alte Mühle) keine Brücke mehr vorhanden ist.

Nun führt der gekennzeichnete Weg durch abwechslungsreiches Waldgelände, auch mit sandigen und hügeligen Stellen, immer parallel zur Pliszka bis zur Brücke unter der Bahnstrecke hindurch. Eigentlich ist das mehr ein Tunnel durch den Damm, und gleich daneben schließt sich der Tunnel für den Wasserweg an. In der Nähe haben Angler ihre Sitze, und es lohnt sich, die üppige Flußlandschaft ein Weilchen zu genießen.

Der nächste Weg nach rechts führt ständig neben dem Gleiskörper bis zum Bahnhof Pliszka (Pleiskehammer). Der Ort selbst liegt von der Station weit entfernt. Dorthin gelangen wir vom Tunnel aus nach rechts und dann den zweiten Weg links der Markierung folgend und den Wald durchquerend.

Einen Kilometer weiter nehmen wir abweichend von der Kennzeichnung einen Gestellweg nach rechts, der vorbei an einer Futterstelle für Wild auf die Chaussee führt. Auf ihr kommen wir links nach Pliszka. Dieses heute winzige Anwesen an der Pliszka war einst ein wichtiger Wirtschaftsstandort mit Hochofen, Blechwalz-

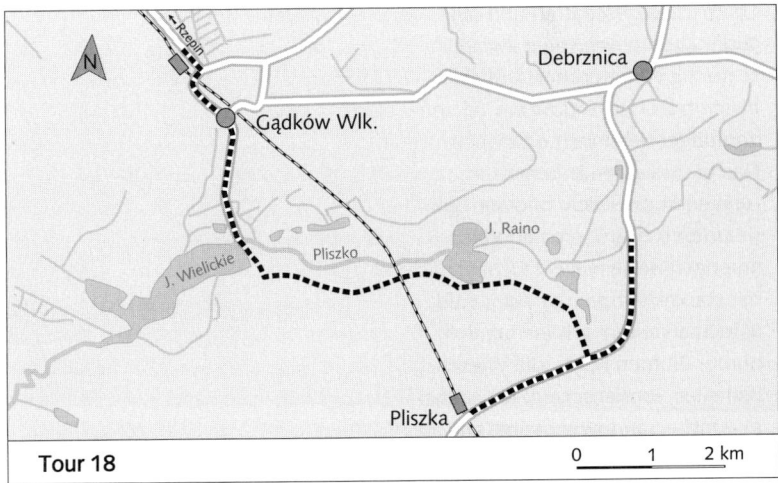

Tour 18

Die Pleiske

In westlicher Richtung wird das Bergland von drei Rinnen durchfurcht, deren zwei von der Pleiske und Eilang durchflossen werden, während die mittlere die Verbindung der Görbitscher und Bottschower Seen darstellt und durch das Reppefließ ihre Entwässerung zur Eilang hin findet.

Die Pleiske (von slawisch plossk, das heißt Schwanzstück eines Fisches) entsteht aus zwei Quellflüssen, die den Abfluß des Lagow- und des Malzsees bilden und sich bei dem Dorfe Spiegelberg vereinigen. Mit 60 Kilometern Länge ist sie der längste und wasserreichste Fluß des Sternberger Landes, dessen Südgrenze sie zum größten Teil bildet. Bei dem Dorf Aurith mündet sie in die Oder. Nachdem sie schon in der Nähe des Bahnhofs Leichholz reizende Uferpartien geschaffen und bei Großgandern sich sogar zweimal seenartig erweitert hat, läßt sie bei dem Dorfe Sandow ein Tal voll anmutiger Schönheit entstehen. Nachdem sie den träumerisch ruhigen Stausee durchflossen, eilt sie unter lichtgrünem Laubdach im engen Bette wie ein Gebirgsbach mit starker Strömung dahin. Bald jedoch erweitert sich ihr Tal: voll bunter Blumen liegen die Wiesen im hellen Sonnenschein: ein sauberes Dorf – Sandow – breitet sich an ihren Ufern aus. Weiter unterhalb des Dorfes treten die Ufer wieder näher an den Fluß. Langsam, dem Ernste der Kiefern angemessen, fließt jetzt sein dunkles Wasser und windet sich durch ein Gewirr von breiten Schilfen und großblättrigen Blumen. Steiler und steiler wird der Uferrand; seinen Abhang bekleidet ein Gemisch von Laub- und Nadelholz: Eichen, Buchen, Birken, Erlen und Tannen. Um das Tal auszufüllen, teilt sich der Fluß oftmals in mehrere Arme, die jedoch immer wieder ihre Vereinigung suchen. An der Öffnung der Talmulde liegt vor uns ein betriebsames Industriewerk: die Sandower Papierfabrik.

In: Beiträge zur Heimatkunde der Neumark, Heft Nr. 4/5, Landsberg a.W. 1914

Brücke über die Pliszka

werk, Emaillierwerk, mit Schiffsnagelhammer und mehreren Stahlhämmern. Zeitweise waren hier 400 Arbeiter beschäftigt. Begonnen hatte das im 16. Jahrhundert mit der Verarbeitung von Raseneisenstein. Heute erinnern daran nur bewachsene Schlackenhalden oder Fundamentreste vor allem rechts von der Straße.

Links auf dem Grundstück vor dem Fluß befindet sich jetzt eine Forellenzuchtanlage. Ansonsten ist die Landwirtschaft der Niederung rundum eine Idylle mit zumeist undurchdringlicher Vegetation.

Um zum Bahnhof zu gelangen, muß man dem Weg entlang der Straße durch Waldgebiet nehmen. Nach etwa dreieinhalb Kilometern ist die Station erreicht.

Anreise: mit dem Zug von Rzepin (Reppen), bis dort von Frankfurt (Oder).
Abreise: mit dem Zug nach Rzepin, von dort nach Frankfurt (Oder).
Übernachtung: in Gądków Wielki im Urlauberzentrum am See Wielicko, etwa zweieinhalb Kilometer vom Bahnhof, in Rzepin im Hotel Ratuszowy hinter dem Rathaus. Zimmervermittlung durch Denis Viatr, Straße Zielona 3, in der Nähe vom Bahnhof. Gaststätten und Geschäfte: in Gądków Wielki; unterwegs und am Ziel ist keine Einkehr möglich. Radwanderer können diese Tour mit den Touren 17 und 19 zu einer Tagesfahrt kombinieren. Falls sie noch weitere 12 Kilometer fahren wollen, bietet sich dafür die Landstraße Richtung Norden bis Torzym (Sternberg) an.

Ein Schloß wurde zum Sanatorium

Tour 19: von Torzym (Sternberg) nach Boczów (Bottschow). Etwa 12 Kilometer.

Seit dem Sommer 1999 sind die Sanierungsarbeiten am repräsentativen Herrenhaus in Garbicz (Görbitsch) zum großen Teil abgeschlossen, ein Sanatorium soll hier eingerichtet werden. Noch wenige Jahre zuvor drohte der gesamte Gebäudekomplex zu verfallen. Dann hieß es, ein polnischer Investor wolle das Schloß in ein nobles Hotel umgestalten.

Wie dem auch sei, ob Hotel oder Klinik, positiv ist allein die Tatsache, daß das altehrwürdige Herrenhaus wieder seine historische Fassade erhält und daß gleichzeitig das Umfeld einschließlich des herrlich gelegenen Parks der Verwilderung entrissen wird. Das Anwesen befand sich zeitweilig im Besitz der Familie von Gaudy, aus der der 1800 in Frankfurt (Oder) geborene Schriftsteller Franz von Gaudy hervorgegangen ist.

Unsere Exkursion von Torzym (Sternberg) nach Boczów (Bottschow) führt uns durch das idyllisch zwischen zwei Seen gelegene Dorf sowie am Schloß vorbei.

Wenn wir in Torzym mit dem Zuge angekommen sind, führt der Weg neben den Bahngeleisen etwas zurück und am nächsten beschrankten Übergang auf die andere Seite der Strecke. Vom Ort selbst sehen wir nichts weiter, sondern lassen sogleich die letzten Häuser hinter uns. Rechts und links überblickt man Felder. An einer Gabelung halten wir uns rechts.

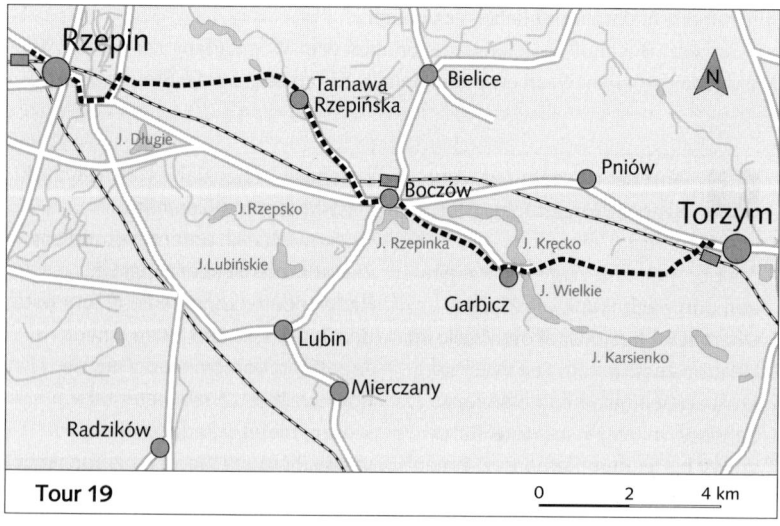

Renovierungsarbeiten am Herrenhaus Garbicz

Eine Ahornallee mit alten Bäumen begleitet uns in den Kiefernwald hinein. An einer Kreuzung bleiben wir geradeaus und biegen erst viel später nach links ab. Unterwegs ist es streckenweise hügelig und auch sandig.

Nach einer scharfen Linkskurve geht es talwärts nach Garbicz zu. Der ersten Straße im Ort nach links folgend unternehmen wir einen Abstecher an das Ufer des Sees Wielki (Großer See), das nur an wenigen Stellen zugänglich ist, und kehren dann wieder auf die Durchgangsstraße zurück.

Nun präsentiert sich das frisch restaurierte Herrenhaus mit seinem Umfeld. Hinter dem früheren Schloßpark und dem Gutshof befindet sich das südöstliche Ufer des langgestreckten schmalen Sees Krecko (Krummer See). Dann sehen wir links die Kirche, einen Backsteinbau aus dem 19. Jahrhundert. An ihr abzweigend verläuft links unter mächtigen Linden eine breite Angerstraße.

Wir bleiben jedoch geradeaus und begeben uns auf der Chaussee nach Boczów. Unterwegs im Wald nach rechts gelangt man an eine Badestelle am See Krecko (Krummer See). In Boczów können wir die Hauptverkehrsstraße gleich neben dem Friedhof überqueren und gelangen in der fortführenden Richtung neben dem Gleisübergang an den Bahnhof.

Lohnenswert vor der Abfahrt ist noch ein Bummel durch das ansehnliche Dorf, das bereits 1329 urkundlich erwähnt wurde. Es gibt hier einen großen an den Ort grenzenden See, verwilderte Parkanlagen, einen Burgwall, die Kirche von 1874 und zahlreiche Geschäfte.

Neugotische Kirche in Garbicz

Wer diese Tour um weitere etwa zwölf Kilometer verlängern möchte, der kann sich noch bis Rzepin (Reppen) begeben. Man muß aus dem Dorf heraus allerdings zunächst ein Stückchen neben der Hauptstraße wandern, bevor man nach rechts hinter großen Wohnhäusern die Straße nach Tarnawa Rzepińska (Tornow) einschlägt.

Erst über Felder und später durch Wald wird bergab dieser abgelegene kleine Ort durchmessen. Zwischen Wiesen, Feldern und Wäldern verfügt er über eine hübsche Lage. Am entgegengesetzten Dorfausgang halten wir uns erst links, dann rechts und schließlich an einer Gabelung bereits im Wald wiederum links. Linker Hand folgt ein kleiner versteckter See.

Nun geht es geradeaus durch den Forst, bis der Weg auf den Bahndamm stößt und an diesem entlang auf eine Straße. Auf ihr begeben wir uns links unter der Brücke hindurch bis auf die Hauptstraße.

Nach rechts durchwandern wir nun Rzepin, denn unser Ziel, der Bahnhof, befindet sich am entgegengesetzt liegenden Ortsausgang. Hier halten auch alle Züge des internationalen Verkehrs in Richtung Berlin.

 Anreise: mit dem Zug aus Frankfurt (Oder).
Abreise: mit dem Zug nach Frankfurt (Oder).
Übernachtung: in Torzym im Hotel ›Chrobry‹, Straße Warszawska 1, Hotel ›Paradise‹, Straße Swiebodzińska 21, Motel ›U Sosny‹, Straße Krońieńska 29, Motel ›Marco‹, Straße Wojska Polskiego 43, und weitere Quartiere. In Boczów Motel im Zentrum des Dorfes. In Rzepin im Hotel Ratuszowy hinter dem Rathaus. Zimmervermittlung durch Denis Viatr, Straße Zielona 3, in der Nähe vom Bahnhof.
Gaststätten: in Torzym, Boczów und in Rzepin.
Geschäfte: außerdem in Garbicz.
Radwanderer können diese Tour als ersten Abschnitt einer Tagesfahrt bis zum Grenzübergang in Frankfurt (Oder) nutzen. Außerdem sind für sie Kombinationen mit den Touren 7, 8, 15 oder 17 möglich.

Von Bottschow nach Sternberg

An der Posener Bahn folgt hinter Reppen (31 Kilometer) Bottschow (Gasthof beim Bahnhof, 3 Zimmer). Nach Sternberg (3 3/4 Stunden). Südöstlich Landweg mit etwas Wald nach Görbitsch (55 Minuten; Schenke) zwischen dem Krummen See nördlich und dem Großen See südlich; im Park des Herrn von Risselmann (zugänglich durch den Gärtner) vom Hutberge Aussicht auf die Seen. Am Ostende des Dorfes Fahrweg nach Süden – von einer Badeanstalt an rechts daneben schöner Steig durch Laubgebüsch am Großen See –; an dessen Ende (25 Minuten) rechts über eine Brücke in prächtigen Laubwald. Nach 3 Minuten links und nun immer auf der Südseite der sich anschließenden, dem Pinnow-, Karschen- und Wilkensee ausgefüllten Niederung, teils auf dem Höhenrande, teils dicht an ihr, meist auf wenig benützten Wegen, erst zuletzt ohne Schatten, an den (1 1/2 Stunden) Weg von Groß Gandern und auf ihm nördlich nach (3/4 Stunde) Sternberg.

39 Kilometer Sternberg (Erfrischung). Das 1/2 Stunde entfernte Ackerbürgerstädtchen (Deutsches Haus, Pension mit Zimmer 3 1/2 bis 4 1/2 Mark; Omnibus 4 mal für 30 Pfennige; 1589 Einwohner) einst Hauptort des Landes Sternberg (jetzt Kreis Ost- und Weststernberg), das zusammen mit dem Lande Lebus im XIII. Jahrhundert an die Mark kam, 1535 – 1816 aber zur Neumark gehörte, liegt freundlich im Talkessel der in der Nähe entspringenden Eilang.

An der Chaussee vom Bahnhof am Waldrande des Gartenlokals Wilhelmshöhe (hierher auch direkter Fußweg). In der Stadt eine Oberförsterei des Fürsten von Hohenzollern.

Südlich, oberhalb des von einer Promenade umgebenen Eilangsees (Badeanstalt), das Frankfurt Ferienheim (Dr. Göpel-Stiftung). An anderer Stelle wird eine Lungenheilstätte von der Stadt Schöneberg errichtet.

Mitten im Walde (48 Kilometer) Leichholz (früher Neu-Kunersdorf); Erfrischung, so genannt nach dem etwa 6 Kilometer südwestlich gelegenen Dorf. 1/2 Stunde südlich vom Bahnhof Kolonie Neu-Kunersdorf an der Pleiske; hier in hübscher Lage eine Oberförsterei des Fürsten von Hohenzollern und das Gasthaus zum Pleisketal (zum Übernachten, auch Sommerwohnungen) mit Forellen- und Karpfenteichen.

Emil Albrecht, Von Frankfurt nach Schwiebus, in: Wanderbuch für die Mark Brandenburg. Östliche Hälfte, Berlin 1907

Vorbei an Klosterstätten zur Obra und Warthe

Tour 20: von Lubniewice (Königswalde) nach Skwierzyna (Schwerin). Etwa 30 Kilometer

Diese recht weite Tour führt aus dem früheren Sternberger Land heraus in ein Gebiet, das vor der zweiten Teilung des Landes 1793 zu Polen gehörte. Als nach dem Ersten Weltkrieg der polnische Staat neu entstand, blieb es jedoch beim Deutschen Reich und wurde schließlich 1938 dem Regierungsbezirk Frankfurt (Oder), also der Provinz Brandenburg, angegliedert.

Im Mittelalter gehörte es kurze Zeit den Brandenburgern. Polnische Herrscher hatten Deutsche ins Land geholt, die das Gebiet christianisierten und kolonisierten, auch Städte und Dörfer gründeten. Für Fußwanderer ist auf jeden Fall eine Übernachtung am Startort Lubniewice (Königswalde) anzuraten, damit sie frühzeitig starten können.

Man verläßt den Ort nach Osten auf der Straße in Richtung Osiecko (Oscht). An den letzten Häusern biegen wir nach links ab, ein schmaler Weg führt uns in den Wald hinein. Zunächst macht es kaum den Eindruck, daß dies ein europäischer Fernwanderweg ist. Aber er bessert sich. Rechts lichtet sich der Forst, und wir erblicken über Felder hinweg das einst dem Zisterzienserorden gehörende

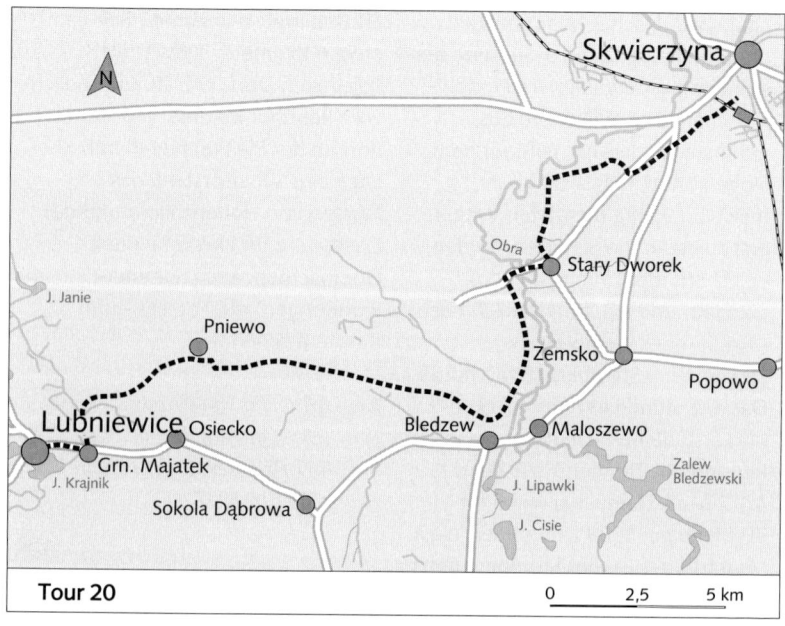

Tour 20   0   2,5   5 km

Die Barockkirche in Stary Dworek

große Dorf Osiecko. An einer Kreuzung wird in den Waldweg nach links eingebogen. Dabei ist auf die Markierung zu achten.

An dem von Feldern umgebenen Anwesen Pniewo (Osterwalde), früher ein
Vorwerk von Lubniewice, muß man scharf nach rechts abbiegen. Wenn der Wald
erreicht wird, geht es nach links weiter. Nun folgt eine längere Waldstrecke bis
kurz vor Bledzew (Blesen). Der markierte Weg führt vom ersten Platz im Städtchen, dem einstigen Schweinemarkt, nach links gleich wieder aus dem Ort hinaus.

Aber es lohnt sich ein Abstecher in das Zentrum mit der neogotischen Kirche,
ihrem hübschen Altar und Kunstschätzen aus dem einstigen Zisterzienserkloster,
dessen Standort sich hinter dem Haus mit der Inschrift ›Caritas‹ befand. Auf dem
Marktplatz erhebt sich die barocke Standfigur des heiligen Nepomuk.

Unsere Tour führt von jetzt ab nördlich und parallel zur Obra (Obra) durch
abwechslungsreichen Wald. Am anderen Ufer liegt das Dorf Zemsko (Semmritz),

wo bereits um das Jahr 1000 eine Grenzburg bestand und sich 1285 ein Kloster ansiedelte, das dann Anfang des 15. Jahrhunderts nach Bledzew umzog.

In der Nähe von Stary Dworek (Althöfchen) gelangen wir an eine Straße. Auf ihr ist abweichend von der Markierung nach rechts eine Abkürzung möglich. Dazu wird die Obra, die hier in Windungen verläuft, überquert. Hinter dem Fluß links auf der Anhöhe sehen wir den alten Gutshof. Auf einem abgestorbenen Baum hat der Storch seinen Sitz.

Etwa 250 Jahre lang war der Ort Residenz der Äbte von Bledzew. Die einstige Abteikirche von 1768 im Barockstil mit ihren zwei Türmchen macht einen hübschen Eindruck. An der Dorfkreuzung biegen wir nach links ab und am Ortsausgang nach rechts. Nun breiten sich neben uns Felder aus.

Am Anwesen Lisia Gora (Forsthaus Althöfchen) stoßen wir wiederum an den Fluß. Vor der Brücke begeben wir uns auf den nun wieder markierten Weg nach rechts durch den Wald. Erst nach etwa zwei Kilometern biegt der breite Fahrweg durch den üppigen Forst nach rechts zur Straße ein. Auf ihr geht es auf Skwierzyna (Schwerin/Warthe) zu.

Wenn wir auf eine andere Straße einmünden, folgen wir ihr nach rechts ein Stückchen und laufen dann nach links in Richtung Bahnhof. Vorher kommt man an Sportanlagen vorbei und durchquert einen Park.

Das Zentrum der Stadt befindet sich weiter nördlich von der Station und ist mit dem von Schinkel beeinflußten Rathaus von 1840, zwei Kirchen, einer spätgotischen Pfarrkirche aus dem 15. Jahrhundert und einer neoromanischen Kirche von 1850, sowie Promenadenwegen an Warta (Warthe) und Obra sehenswert.

---

i Anreise: mit dem Autobus von Gorzów Wlkp. (Landsberg/Warthe), bis dort mit dem Zug von Kostrzyn (Küstrin) bzw. Berlin. Abreise: mit dem Zug nach Gorzów Wlkp., von dort mit dem Zug nach Kostrzyn bzw. Berlin oder mit dem Zug nach Zbąszynik (Neu Bentschen), von dort mit dem Zug nach Frankfurt (Oder). Übernachtung: in Lubniewice im Reiterhof ›Mustang‹, Erholungszentren ›Warta-Tourist‹, ›Stilon‹, ›Kaczy Dołek‹, weitere Objekte mit Bungalows, mehrere Pensionen und Reiterhöfe. In Skwierzyna Motel ›Nad Obra‹ an der Straße nach Gorzów Wlkp., Hotel SOKSIR, Straße Sportowa.

Gaststätten: in Lubniewice, Bledzew und Skwierzyna.

Geschäfte: außerdem in Stary Dworek.

Radwanderer können diese Tour mit der Tour 21 zu einer Tagesfahrt kombinieren. Ihnen ist auch ein Abstecher zum Wasserkraftwerk von 1907/1908 mit dem Obra-Stausee östlich von Bledzew empfohlen.

Schwerin (Warthe)

Die Landschaft, in der die Stadt Schwerin eingebettet liegt, ist das Warthetal. Dem Schutzbedürfnis entsprechend hat man bei der Anlegung der Stadt eine flache Düne am linken Warthe-Ufer, etwa 1 Kilometer oberhalb der Obramündung, gewählt. Es ist deshalb leicht verständlich, daß der Volksmund den Namen der Stadt von diesem schwierigem Zugange ableitete und sagte:»Es geht schwer rin«. Die alten Urkunden weisen eine verschiedene Schreibweise des Namens, wie Schweren, Zwerin, Squirzyna, Skwierzyna (Tiergebiet) auf. Die Warthe durchfließt das Stadtgebiet von Osten nach Westen. Vor Beginn der großen Regulierungsmaßnahmen 1793 bildete der Fluß mehrere Arme, zwischen denen weite Sümpfe lagen. Auch in der Niederung erstreckten sich ausgedehnte Sumpf- und Moorflächen mit üppiger Vegetation. Noch um 1900 bargen die Schiffer aus dem See das steinharte Holz der ›Wassereichen‹, die einst als Auenwälder das Tal bestanden. Die breite Wartheniederung gehört zu dem Thorn-Eberswalder Urstromtal. Viele kleine Gewässer (der Bärensee, der Herrensee, der Schützensee, der Sehm, die Plaute, die lange Anne usw.) schmücken mit ihren dicht bewachsenen Ufern das Tal; die vielen Bäume und Sträucher sind ein Dorado für Tiere aller Art. Vor etwa 140 Jahren verfinsterte ein großer Erlenwald, der ›Elsbusch‹, die sumpfige Niederung bei Neuschwerin.

Im Tal ziehen sich vegetationsarme Sandwälle, die vor mehreren tausend Jahren angewehten Dünen, entlang, die an einigen Stellen noch ein Spiel des Windes sind. Ein ausgedehntes Dünengebiet, das größte im norddeutschen Binnenlande, erstreckt sich zwischen der Warthe und der unteren Netze.

Wie das ganze norddeutsche Flachland, so weist auch das Stadtgebiet ausgedehnte Schichten von Sand, Kies und Lehm auf, in die die Schmelzwasser der letzten Vereisung Stufen, die Terrassen, eingeschitten haben; vielfach sind die Terrassen von Dünen überdeckt. In den genannten Schichten liegen allerwärts kleine und große Blöcke nordischer Gesteinsarten, ›Findlinge‹, eingestreut, die einst die Gletscher der Eiszeit hierher verfrachtet haben.

Die Obra durchläuft das südlich des Warthetales gelegene Höhengelände und fand früher nur als Triebkraft von Wassermühlen Verwendung. Seit 1907 nutzte man sie auch durch Anlegung eines Stauwerkes bei Blesen zum Betrieb eines Wasserkraftwerkes.

Benno Thome, Schwerin (Warthe) 1793 – 1945, Kiel 1963

Die Wallfahrtskirche mit der gekrönten Madonna

Tour 21: von Skwierzyna (Schwerin/Warthe) nach Głebokie (Tiefsee). Etwa 25 Kilometer.

Die Kirche im Dorf Rokitno (Rokitten) beherbergt mit dem Gnadenbild der gekrönten Muttergottes einen über die Region hinaus bekannten und künstlerisch wertvollen Wallfahrtsgegenstand. Aus ganz Polen strömen die Pilger hierher, um das Gemälde zu betrachten und damit Maria zu verehren.

Die Hallenbasilika aus der Zeit um 1750 ist mit dem großen, reich verzierten Altar, mit Decken- und Wandgemälden sowie Statuen prunkvoll ausgestattet. Das Außengelände wurde für Freilichtmessen gestaltet und bezieht zahlreiche hübsche Bauten sinnvoll in die Landschaft ein. Im Diözesemuseum sind Zeugnisse der katholischen Kunst und Kultur zu sehen, darunter sogar aus Rom stammende.

Auf unserer Wanderung liegt Rokitno etwa auf dem halben Wege zum Tagesziel. Nach der Ankunft mit dem Zug aus Skwierzyna (Schwerin/Warthe) müssen wir zunächst die Stadt durchqueren, und zwar erst auf der Straße Dworzowa, dann nach rechts auf der Straße Chobrego und wiederum nach rechts auf der Straße Batorego. Linker Hand liegt nun der historische Stadtkern neben uns.

Am Denkmal für den polnischen König Jagiełło und am markanten 42 Meter hohen Wasserturm biegen wir in die Straße in Richtung Poznań (Posen), die

Freizeitzentrum am See Głębokie

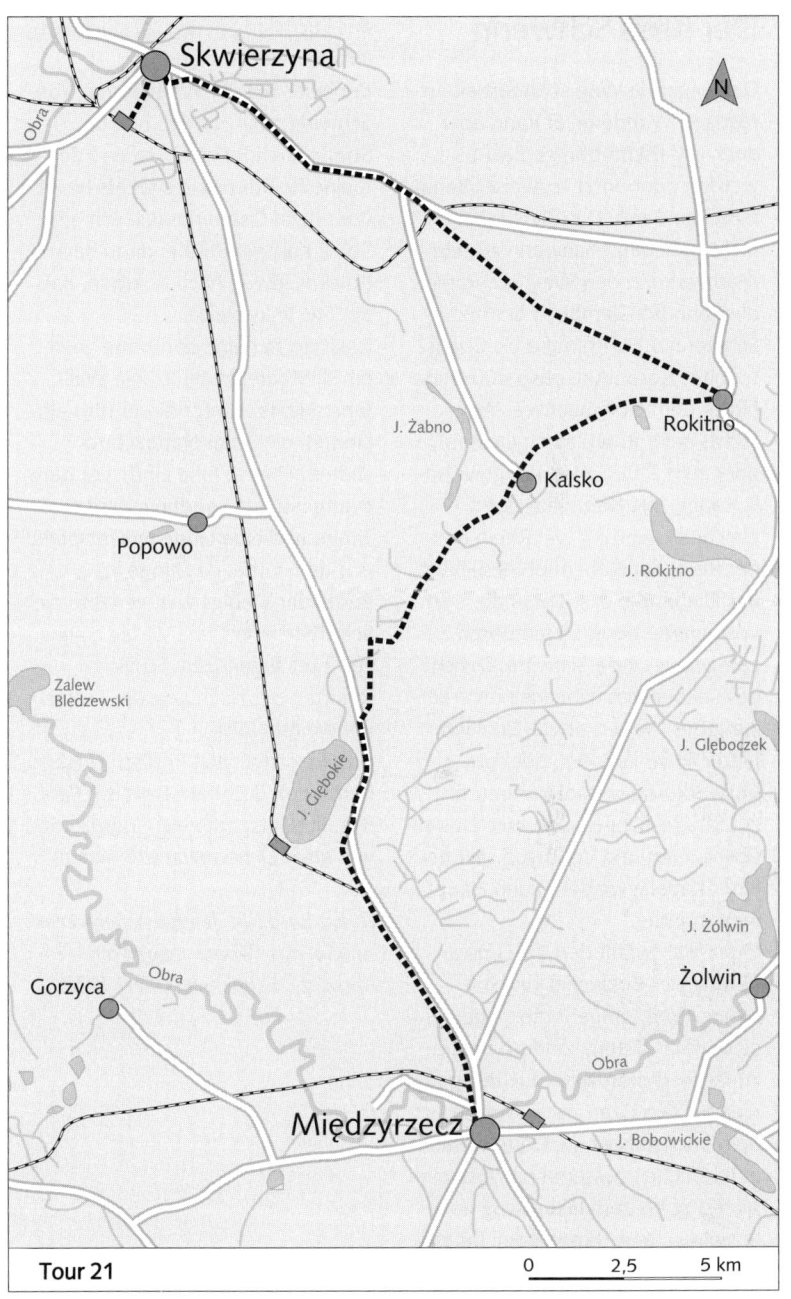

Tour 21

0   2,5   5 km

Der Kreis Schwerin

Der folgende Weg erfordert einen rüstigen Wanderer. Er kann aber auch in Abschnitten gemacht werden oder unter teilweiser Benutzung der Bahn. Das Ziel braucht nicht unbedingt Schwerin zu sein. Man verkürzt den Weg, wenn man die Bahn bis Glembuch benutzt. Schweriner Kunststraße bis Chausseehaus Rosenthal, etwa 400 Meter hinter dem Glembuchsee. Weg rechts nach Rhyn, einen Gutshof, oder zum Rhyn, wie man gewöhnlich sagt. Der Name hat den gleichen Ursprung wie Rhein und der Rhin, der Nebenfluß der Havel: das Fließende, das Rinnende. Den Weg weiter bis zu dem hübsch gelegenen Dorfe Schwirle, östlich des Saabensees. Eine kleine Verkürzung des Weges: etwa 700 Meter hinter Rhyn Fußweg, der vom Vorwerk Amalienhof kommt, bis zur Straße Poppe – Schwirle. Diesen überqueren und Waldweg, der bei einer Kapelle wieder in den Hauptweg mündet.

Oder man wählt den bei Umwanderung des Birkluches beschriebenen Weg, umgeht dieses aber nicht nach Osten, sondern bleibt zunächst in nördlicher Richtung und wendet sich dann nach Westen dem Fuchstanger zu. Dann weiter in nördlicher, besser in nordöstlicher Richtung bis zum Hauptweg nach Schwirle. Tang, Tange oder Tanger bedeutet Kiefernstrauch. Südlich des Fuchstangers der gänzlich verlandete Alte Haussee. Das ist der erste Teil der Wanderung. Von Schwirle nach Norden heraus Straße nach Rokitten, so daß der Kleine Rokittener See rechts bleibt, oder nach Osten heraus, erst ein Stück Kalziger Straße, dann beim Knick Feldweg nach Rokitten, daß der See links bleibt.

Rokitten hat eine berühmte, weithin sichtbare, zweitürmige Wallfahrtskirche. Hinter dieser fünf alte Linden, die unter Naturschutz stehen, ebenso eine Linde vor dem evangelischen Landheim und eine Tanne und eine Linde im Gutspark. Auf dem Gute, das lange im Besitz der Viebigs war, verlebte die Schriftstellerin Clara Viebig einen Teil ihrer Jugendzeit. Südlich Rokitten der Kirchberg (86 Meter) mit weitem Blick.

Von Rokitten nach Prittisch (Jugendherberge). Dicht am Dorf der Große See, im Gutspark eine Gruppe von vier alten Eichen (Naturdenkmal).

R. Ehrhardt, In den Kreis Schwerin hinein, aus: Wanderungen um Meseritz, Frankfurt (Oder) 1936

Außengelände der Wallfahrtskirche in Rokitno

Poznańska, ein. Noch bis zum nächsten Ort sind wir gezwungen, den starken Autoverkehr neben uns in Kauf zu nehmen, denn hier besteht keine Ausweichmöglichkeit für Fuß- und Radwanderer.

Bald geht es bergan aus der Niederung der Warta (Warthe) heraus auf Chełmsko (Gollmütz) zu. Das gestattet einen herrlichen Rundblick über die Landschaft mit dem links befindlichen 107 Meter hohen Galgenberg. Das langgestreckte Dorf wird fast vollständig durchwandert. Erst am Ortsausgang biegen wir nicht auf der Chaussee nach links ab, sondern begeben uns hinter der Bahnstrecke nach rechts. Danach führt nach links der Feldweg dann immer geradeaus durch die Ackerflächen.

Bald tauchen wir in einen Wald ein. Auch in ihm bleiben wir immer geradeaus, nur einmal links eine Kurve nehmend, auf dem breiten Waldweg. Rechts und links gedeiht Blaubeerkraut. Nach einigen Hügeln und sandigen Stellen endet an den Gebäuden des früheren Landheimes der Forst. Über die Häuser hinweg sieht man die zwei Türme der Kirche von Rokitno, die mit ihrem Muttergottesbildnis sowie dem ganzen Umfeld einschließlich des Diözesanmuseums besuchenswert ist.

Wiederum auf einem, wenn auch unbefestigten, Fahrweg verlassen wir Rokitno, und zwar genau in westlicher Richtung mit der Wegweiserangabe Twierdzielewo. Zunächst durch Wald und dann über Felder wird dieses schmucke Dorf erreicht, das bis 1945 Schwirle hieß und einst zum Kloster Bledzew (Blesen) gehörte. Auffallend hübsch ist die Kirche auf dem Platz zwischen den ansehnlichen Bauerngehöften.

Neben Ackerflächen geht es rechtsabbiegend aus dem Ort hinaus. Dann folgt der Wald mit einer Niederung. Wir halten uns immer auf dem Hauptweg, und schließlich sind die wenigen Häuser von Rojewo (Rhyn) erreicht, das früher als Vorwerk zu Popowo (Poppe) gehörte. Dahinter liegt rechts ein sumpfiges Gelände.

Ein Stückchen weiter am Forsthaus, das früher Rosenthal hieß, beginnt die asphaltierte Straße. Sie stößt nach einigen hundert Metern auf die stark befahrene Chaussee. Neben ihr laufen wir nach links und erblicken nach wenigen Minuten rechts durch die Bäume den See Głębokie (Tiefer See, auch Glembuchsee).

Ein Weg führt zwar an diesen sumpfigen und mit Schilf bewachsenen Abschnitt des Gewässers hinunter, aber er endet vor dem Zaun eines Erholungsobjektes. Das muß erst umgangen werden. Es schließen sich mehrere Urlauberreinrichtungen an, zu den auch öffentlich zugängliche Badestellen gehören, an denen man sich im wundervoll klaren Wasser erfrischen kann.

Hier am Tagesziel hat man große Quartierauswahl entweder im Hotel oder in Bungalows unterschiedlicher Kategorien.

---

i Anreise: mit dem Zug von Gorzów Wlkp. (Landsberg/Warthe), bis dort mit dem Zug aus Kostrzyn (Küstrin) bzw. Berlin.
Abreise: mit dem Zug nach Gorzów Wlkp., von dort mit dem Zug nach Kostrzyn bzw. Berlin oder mit dem Zug nach Zbąszynek (Neu Bentschen), von dort mit dem Zug nach Frankfurt/Oder bzw. Berlin. Der Bahnhof befindet sich im Süden des Sees Głębokie.
Übernachtung: in Skwierzyna Motel ›Nad Obra‹ an der Straße nach Gorzów Wlkp., Hotel SOKSIR, Straße Sportowa. Am See Głębokie Hotel ›Głębokie‹, Gasthof ›Głębokie‹, mehrere Bungalowsiedlungen.

Gaststätten: in Skwierzyna und am See Glebokie.
Geschäfte: außerdem in Chełmska und Rokitno.
Radwanderer können diese Tour mit den Touren 20, 22 oder 29 zu einer Tagesfahrt kombinieren. Für sie sind auch Abstecher rund um Rokitno nach Krasne Dlusko (Lauske) an der Warta, nach Przytoczna (Prittisch) mit einer Seebadeanstalt, nach Kalsko (Kalzig) mit einer hübschen Fachwerkkirche oder zum großen Campingplatz am See bei Lubikowo (Liebuch) lohnenswert, auch eine Weiterfahrt nach Międzyrzecz (Meseritz) mit seiner mittelalterlichen restaurierten Burganlage.

Wo die Zisterzienser ihr Paradies schufen

Tour 22: von Międzyrzecz (Meseritz) nach Lubrza (Liebenau). Etwa 25 Kilometer.

Nachdem das Zisterzienserkloster Lehnin südwestlich von Berlin 1230 durch einen polnischen Grafen Ländereien am Flüßchen Paklica (Packlitz) geschenkt erhielt, bekam hier eine Örtlichkeit die Bezeichnung ›Paradies der Muttergottes‹.

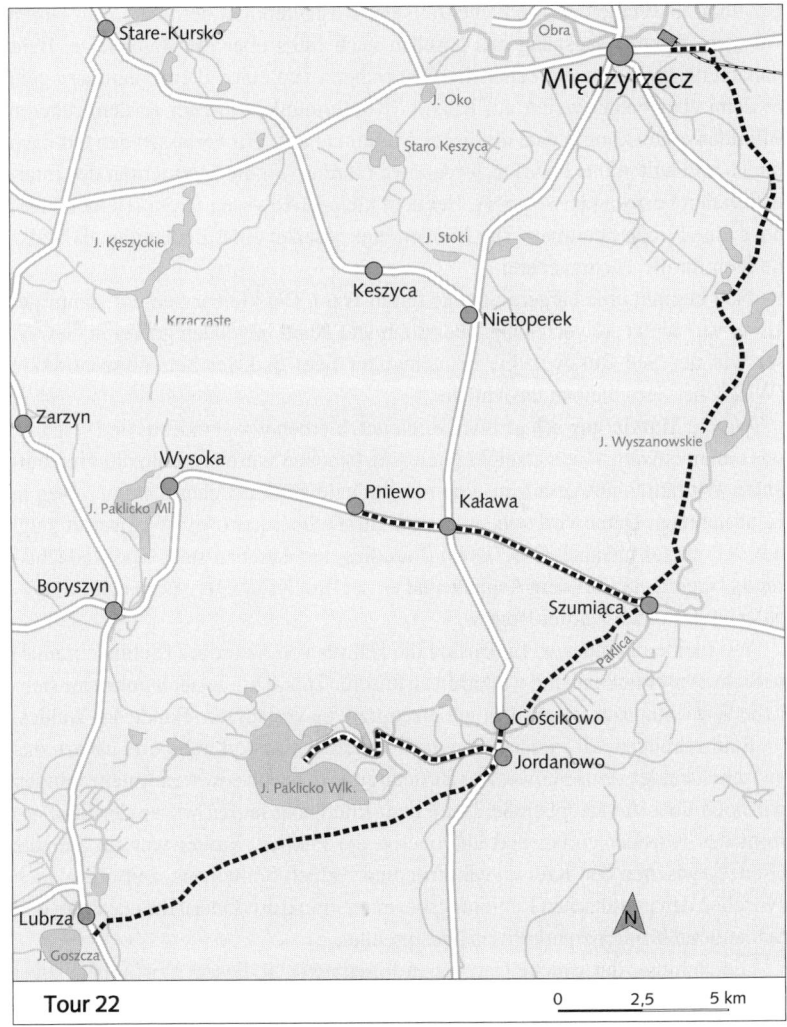

Tour 22

An dieser Stelle entstand ein Kloster, das ständig erweitert wurde. Heute kann der Komplex, der als Priesterseminar genutzt wird, besichtigt werden.

Besondere Attraktion ist die frühgotische Klosterkirche mit barocker und klassizistischer Ausstattung, darunter der 17 Meter hohe Altar von 1739, eine reich verzierte Kanzel, das Stifterbild sowie zahlreiche Gemälde und Skulpturen. Umgeben wird der Bau von einem gepflegten Garten mit Wirtschaftsgebäuden.

Unsere Wanderung führt weite Strecken parallel zur Paklica entlang, die in Międzyrzecz (Meseritz) in die Obra (Obra) mündet. Wenn wir in der Stadt am Bahnhof ankommen, wo sich ebenfalls der Bushaltepunkt befindet, dann laufen wir vom Bahnhofsausgang aus gesehen nach links über die Bahngleise. Bald danach biegen wir nach rechts ein. Abweichend von einer alten Bahntrasse geht es dann über Felder weiter auf Kuznik (Kupfermühle) zu. Hier an den früheren Mühlenwerken kommt eine idyllische Stimmung auf. Wir verlassen den Ort nach rechts und halten uns bis nach Jordanowo (Jordan) an die Markierung des Internationalen Fernwanderweges 11. Bei dem kleinen Anwesen Skoki (Heidemühle) wird eine Straße überquert. Die Mühlen hier besaßen einst Bedeutung als Walkmühlen für die Tuchmacherei.

Nun beginnt eine längere Strecke durch Wald. Ein kleiner See mit sumpfiger Uferpartie bietet Abwechslung, aber die linker Hand liegenden größeren Gewässer wie der See Bukowieckie (Bauchwitzer See) und der See Wyszanowskie (Wischener See) bleiben unsichtbar.

Wo die Markierung scharf links wegleitet, bleiben wir geradeaus und ersparen uns einen Umweg. Auch an einer Kreuzung begeben wir uns nicht zum Fluß hinunter. Wir halten uns geradeaus und müssen bald ein Stückchen sandigen Weg in Kauf nehmen. Dann wird wiederum eine Straße überquert. Ein Wegweiser zeigt drei Kilometer bis nach Gościkowo (Paradies) an, daneben steht eine Andachtssäule. Nach rechts auf dem Asphalt sind es gut fünf Kilometer bis zu den Bunkeranlagen des Oder-Warthe-Bogens.

Wir bleiben geradeaus. Links sind die Häuser von Szumiaca (Schindelmühle) in Sicht. Anschließend und weiterhin an unserer Trasse breitet sich links eine liebliche Wiesenlandschaft aus. Der unbefestigte Weg verläuft am Rande des Waldes.

Bald erblicken wir in der Ferne die Türme der Klosterkirche und nähern uns zwischen Feldern Gościkowo. Zur Besichtigung der sehenswerten Anlage müssen wir noch über die Hauptstraße. Nach dem Rundgang laufen wir an der Straßenfront des Klosters vorbei und überqueren die Paklica. Früher war sie hier die Grenze zwischen den Kreisen Meseritz und Züllich-Schwiebus, zeitweilig auch zwischen den preußischen Regierungsbezirken Frankfurt (Oder)/Brandenburg und Schneidemühl/Grenzmark Posen-Westpreußen.

Gleich hinter der Brücke sind wir in Jordanowo. In diesem Dorf gibt es zwei Kirchen. Bis zum Ortsausgang bleiben wir neben der verkehrsreichen Straße und

Paradies – Jordan und seine Seen

Bahn bis Paradies. Mancher fährt weiter bis Starpel und arbeitet sich von dort aus in dieses schöne, wechselvolle Gelände hinein. Paradies hat Jugendherberge. Man versäume nicht den Besuch des kulturhistorisch und kunstgeschichtlich überaus wertvollen Klosters. Baubeginn 1230, als der polnische Graf von Bronisz deutsche Zisterzienser vom Kloster Lehnin ins Land rief, um aus Sumpf und Urwald fruchtbaren Boden zu schaffen. So wurde das Kloster Ausgangspunkt einer umfassenden Siedlungsarbeit. Umbau und Neuausstattung der Kirche im 18. Jahrhundert. 1834 als Kloster aufgelöst, wurde es Lehrerseminar, seit 1922 ist es Aufbauschule. Es ist mit seiner dreischiffigen, hochgewölbten Kirche die schönste und älteste Kulturstätte unserer Provinz. Sehenswert der Hochaltar. Die 57 Meter hohen Barocktürme grüßen weit ins Land. Man beachte die schöne Südseite des Klosters und die Mariensäule im Hof. Um das Kloster herrliche Gruppen uralter Linden, Pappeln, Eschen, Platanen unter Naturschutz. Man besuche die alte Annenkapelle in Jordan, auf deren Friedhof prächtige alte Eichen, die zu den schönsten unserer Umgebung zählen, stehen. In Jordan sind wir schon in Brandenburg. Den schönsten Blick in die Landschaft hinein hat man von den Finkenbergen, 112 Meter, etwa 1 Kilometer südlich der Annenkapelle und von dem bis zu 111 Meter ansteigenden Annaberg, nördlich der Bahnstrecke. Wir gehen vom Bahnhof aus längs der Bahnstrecke vorbei am Wasserturm und vergessen auf dem ganzen Wege nicht das Zurückschauen auf die Klosterkirche. Weiter zwischen Bahnstrecke und Großem Radensee hindurch, einen Fußweg links ab zum Feldwege nach Neuhöfchen. Wir umgehen den Thiemsee bei dem Dorfe, der reizlos ist, südlich und gelangen bei den Fischerhütten an den Packlitzsee mit schöner Badestelle. Dann zu der weit in den See hineinreichenden Landzunge und zum Biberwinkel, einem durch die Landzunge gebildeten kleinen Becken des großen Sees. Wir kommen bis zur Bahn an den Kesselsee. Von dem Weg nach Starpel geht man links ab zur Walkmühle am dicht bewaldeten Hammerteich. Von Starpel aus benutzt man den Zug oder man umgeht vom Hammerteich aus den Packlitzsee im Süden.

R. Ehrhardt, Paradies – Jordan und seine Seen, aus: Wanderungen um Meseritz, Frankfurt (Oder) 1936

Die Klosterkirche Gościkowo

biegen dann schräg rechts in einen breiten Fahrweg ein. Von nun an wird immer geradeaus das Tagesziel angestrebt. Zumeist befinden wir uns im trockenen Kiefernforst, der nur durch Birken aufgelockert wird. Zwischendurch liegt ein Feld neben uns.

Schließlich wird es hügeliger und bergab gelangen wir in den großen Talkessel, in dem Lubrza (Liebenau) liegt. Unterwegs fällt eine mächtige Eiche auf. Obwohl Lubrza von 1393 bis 1945 Stadtrecht besaß, macht der Ort einen dörflichen Eindruck.

Hinter der Kirche geht es zum Campingplatz mit Bungalows am See Gosccza (Gastsee). Etwas außerhalb bestehen zwei weitere Campingplätze und das Hotel ›Młyn‹ (›Zur Mühle‹). Lubrza verfügt über eine zauberhafte Umgebung, so daß man sich hier gern mehrere Tage aufhält. Im Zentrum befindet sich die Abfahrtsstelle für den Autobusverkehr.

 Anreise: mit dem Zug von Gorzów Wlkp. (Landsberg/Warthe), bis dort mit dem Zug von Kostrzyn (Küstrin) bzw. Berlin oder mit dem Zug von Zbaszynek (Neu Bentschen), bis dort mit dem Zug von Frankfurt (Oder) bzw. Berlin.

Abreise: zu Fuß bis Bucze (Wutschdorf), Mostki (Möstchen) oder Wilkowo (Wilkau) – jeweils etwa 7 Kilometer, von dort mit dem Zug nach Frankfurt (Oder) bzw. Berlin oder mit dem Autobus nach Świebodzin (Schwiebus), von dort mit dem Zug nach Frankfurt (Oder) bzw. Berlin.

Übernachtung: in Międzyrzecz Hotel ›Przydrożny‹, Straße Waszkiewicza 59, Hotel ›Jumar‹, Straße Waszkiewicza 2; in Lubrza Hotel ›Młyn‹ mit deutscher Bewirtschaftung, Erholungszentrum ›Euro-Loisirs‹ Straße Kościelna, Bungalows auf drei Campingplätzen.

Gaststätten: in Międzyrzecz, in Gościkowo und in Lubrza.

Geschäfte: außerdem in Jordanowo und in Szumiaca.

Führungen durch die Klosterkirche Paradyż sind beim Pförtner anzumelden.

Radwanderer können diese Tour mit der Tour 21 oder der Tour 29 zu einer Tagesfahrt kombinieren. Wer diese Tour in zwei Etappen absolvieren möchte, dem bietet sich im etwa vier Kilometer westlich von Jordanowo gelegenen Urlauberobjekt bei Nowy Dworek (Neuhöfchen) eine ausgezeichnete Unterkunft. Auf einer Halbinsel im See Pakliecko gibt es hier wunderschön gelegene und gut ausgestattete Bungalows.

Erinnerungen an den Ostwall

Tour 23: von Łagów (Lagow) nach Mostki (Möstchen). Etwa 12 Kilometer.

Vor dem Zweiten Weltkrieg wurde die Verteidigungsanlage Oder-Warthe-Bogen, eine Art Ostwall, geplant und zum Teil realisiert. Mit Bunkern, Panzersperren, Überflutungsflächen, Gräben, Seen sowie ober- und unterirdischen Mannschafts- und Materialeinrichtungen sollte zwischen Skwierzyna (Schwerin) an der Warta

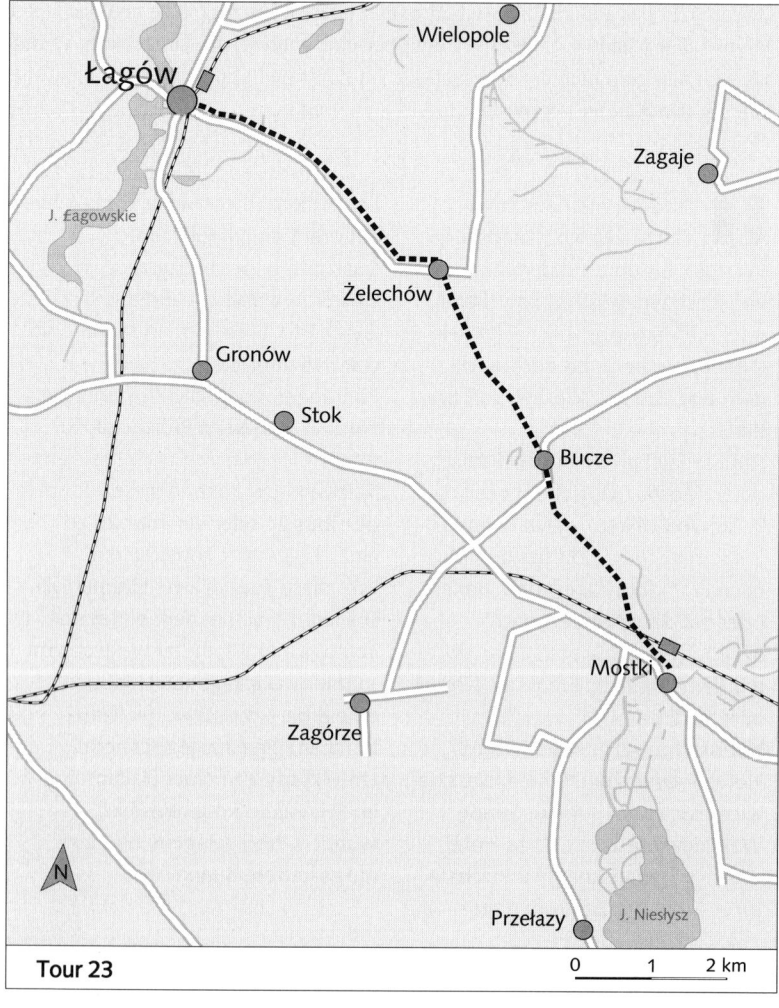

Tour 23

0   1   2 km

Herrenhaus in Mostki

(Warthe) im Norden und Nictkowice (Straßburg) an der Odra (Oder) im Süden ein Schutzwall gegen Polen entstehen. Wenn wir in dieser Region unterwegs sind, stoßen wir ab und zu auf Bunkerköpfe oder Sperranlagen, die im Laufe der Zeit zugewuchert sind.

Im nördlichen Abschnitt bei Kaława (Kalau) besteht die Möglichkeit, Besichtigungsrundgänge unter der Erde zu unternehmen und sich über die geschichtlichen und technischen Zusammenhänge der Verteidigungsanlage zu informieren. Ein Teil dieser Bunker ist inzwischen das bedeutendste Naturschutzgebiet für Fledermäuse in ganz Mitteleuropa.

Unsere Wanderung endet in einem Ort, in dessen Nähe an beiden Seiten einer Niederung verschiedene militärische Stellungen errichtet wurden. Diese Tour kann eventuell genutzt werden, um vom Bahnhof in Mostki (Möstchen) aus nach einem Aufenthalt in Łagów (Lagow) die Rückreise anzutreten.

Diese attraktive Sommerfrische wird in westlicher Richtung verlassen, und zwar an der zentralen Bushaltestelle. Hier befindet sich neben einem Parplatz, der manchmal als Festwiese genutzt wird, auch der Gedenkstein für den 1895 in Lagow geborenen Gerhard Domagk. Er erhielt für die Entdeckung der antibakteriellen Wirkung des Prontosils 1939 den Nobelpreis für Medizin.

Neben ihm führt eine Kopfsteinstraße bald bergan zwischen Hängen und unter dem hohen Eisenbahnviadukt hindurch aus dem Ort hinaus. Nach dem Anstieg sehen wir rechts den alten Gutshof und links noch einige Häuser. Dann haben wir auf einer Obstallee Felder neben uns.

Von Wutschdorf nach Schwiebus

61 Kilometer Wutschdorf (Gasthaus zum Hohenzollern, am Bahnhof, zum Übernachten). Omnibus nach Lagow.

8 Kilometer nördlich liegt Liebenau (Zerndts Hotel; Omnibus und Karriolpost nach Schwiebus, 10 Kilometer, je 1 mal für 50 Pfennige), Ackerbürgerstädtchen mit 1217 Einwohnern am Gastsee. 20 Minuten südöstlich davon an der Schwiebuser Chaussee das einfache Restaurant Bergschlößchen mit Anlagen nach dem Liebensee zu. 1 Stunde nördlich der große Packlitzsee. In der Nähe mehrere Braunkohlengruben; etwa 1 Stunde nordwestlich bei Starpel eine große Brikettfabrik.

Von Wutschdorf um den Großen Nischlitzsee nach Schwiebus (etwa 6 Stunden). Von der Schwiebuser Chaussee nach 25 Minuten rechts ab Chaussee in der Nähe des Gutes von Dorf Möstchen vorbei. Nach 20 Minuten links den ›Privatforstweg‹ durch den Wald zum Nordende des buchtenreichen Großen Nischlitzsees, an dessen Ostufer die Schwiebuser Stadtforst grenzt, dann bald wieder vom See ab und zurück zur (35 Minuten) Chaussee. 12 Minuten südlich Seeläsgen (Wirtshaus; Überfahrt nach der Stadtforst, etwa 50 Pfennige), mit stattlichem Schlosse. Im Gutshofe (oder schon vorher im Dorfe) rechts und nun immer den dem See am nächsten gehenden Fahrweg, am Großen See (rechts) vorbei und sogleich über den bewaldeten Eichberg, zuletzt über eine Halbinsel hinweg nach Blankensee (1 1/4 Stunden; Wirtshaus), in der Mitte des Südufers. Jenseits sofort links, bald Steig über ein Flüßchen, am Ende des hohen Waldes (wo der eigentliche Fahrweg herankommt) links ab im Gestell in wenigen Minuten zum See und an ihm (bald Bank; Blick) zur Südostecke. Nordwestlich in 1/2 Stunde durch die Stadtheide direkt – oder mit einem Umwege den ersten links abgehenden Fahrweg zum sogenannten Raubschloß, einem kahlen Hügel mit Bank, und jenseits sofort rechts fast immer in einiger Entfernung vom See, zum Forsthaus Buschvorwerk (Erfrischung), inmitten schönen Laubwaldes gelegen, von wo man über das Dorf Möstchen (Königs Gasthaus) in 70 Minuten nach Wutschdorf zurückkehren kann.

Vom Forsthaus nordöstlich (›Schwiebus‹) noch eine halbe Stunde durch Wald, dann zur Hebestelle von Wilkau (Gasthaus zum Löwen) am Wilkauer See; auf der Chaussee später über die Bahn, zuletzt durch Salkau zum Nordende von (1 Stunde) Schwiebus.

Emil Albrecht, Von Frankfurt nach Schwiebus, aus: Wanderbuch für die Mark Brandenburg. Östliche Hälfte, Berlin 1907

Bald beginnt der Wald. Radwanderer dürfen die nun folgende steile Abfahrt nicht zu schnell nehmen, da im Tal eine unübersichtliche Kurve folgt. Dann öffnet sich nach rechts der Blick auf weite Wiesen im sogenannten Rothen Grund. Der Niederung folgt ein längerer Anstieg. Oben angelangt, breiten sich neben der schmalen Straße wieder Felder aus und Zelechów (Selchow) kommt in Sicht.

Das ansehnliche Straßen- und Angerdorf gehörte einst dem Johanniterorden. Hinter der Kirche, einem hübschen Fachwerkbau aus der Zeit um 1665 mit Mauerumfriedung, biegen wir nach rechts ab. Hinter dem Chausseehaus bleiben wir auf der Asphaltstraße mit schönen Alleebäumen.

Dann umgibt uns wieder Wald. Er endet nach einem Biotop rechts erst kurz vor Bucze (Wutschdorf). Die einstige Brikettfabrik, die Windmühle und das früher der Familie Knobelsdorff gehörende Schloß sind durch Kriegseinwirkung verschwunden, und man findet ein kleines stilles Dorf vor.

An der Kreuzung wird die Straße verlassen und fast geradeaus auf einem Feldweg weitergewandert. Er ist als markierte Trasse ausgewiesen und führt bald in den Wald hinein. Wir bleiben immer der Nase nach auf dem breiten Fahrweg, der jedoch einige sandige Stellen hat. Schließlich wird der Wald abwechslungsreicher und links die Vegetation üppiger. Dort schlängelt sich ein Fließ entlang.

Dann gelangen wir unter der Bahnstrecke hindurch. Die Markierung biegt nach rechts ab, und hier kurz vor der Überquerung der Hauptverkehrsstraße zwischen Frankfurt (Oder) und Poznań (Posen) stößt man auf einen überwucherten Bunkerkopf. Um nicht an der belebten Straße entlang gehen zu müssen, kommt man vorher geradeaus bleibend in das Dorf Mostki (Möstchen) sowie links einbiegend zum Bahnhof.

Unterwegs von Łagów nach Zelechów

Lohnenswert ist ein Abstecher über die Straße hinweg. Dort sehen wir die Fachwerkkirche und ein Stückchen weiter den Gutshof mit dem Herrenhaus, das heute als Schule genutzt wird. Dahinter im Park befinden sich mehrere alte Bäume.

Nun könnte der Rundgang quer durch das liebliche Tal der Niesulicki (Nischlitz) nach rechts wieder zurück zum Bahnhof fortgeführt werden. Man kann sich kaum vorstellen, daß diese Landschaft im Kriegsfall teilweise unter Wasser gesetzt worden wäre. 1945 kam es glücklicherweise nicht mehr dazu. Witterungsumstände und das rasche Vordringen der Roten Armee verhinderten das Vorhaben.

 Anreise: mit dem Autobus von Świebodzin (Schwiebus), bis dort mit dem Zug von Frankfurt (Oder) bzw. Berlin. Abreise: mit dem Zug nach Frankfurt (Oder) bzw. Berlin. Übernachtung: in Łagów z. B. im Hotel ›Zamek‹ in der Johanniterburg, Hotel ›Bajka‹, Straße Chrobrego 15, Hotel ›Patio‹, Straße Podgórna 8, Ferienheim ›Leśnik‹, Straße Chrobrego 10, Ferienheim ›Morena‹, Straße Chopina 2c, Herberge auf dem Pfarrgrundstück an der Straße Sulęcińska, Campingplatz am See ›Łagowskie‹, zahlreiche Pensionen und Privatquartiere.
Gaststätten: in Łagów.
Geschäfte: außerdem in Zelechów, in Bucze und in Mostki.
Radwanderer können diese Tour mit den Touren 24 oder 25 zu einer Tagesfahrt kombinieren. Wer als Fußgänger eine zweite Tagestour anhängen möchte, der sollte etwa dreieinhalb Kilometer bis Przełaży (Seeläsgen) zu den Quartieren am See Niesłycz (Nischlitzsee) – siehe Tour 24 – weiterwandern.

Der Nischlitz – ein See der Superlative

Tour 24: von Mostki (Möstchen) nach Wilkowo (Wilkau). Etwa 20 Kilometer.

Mit einer Fläche von etwa 500 Hektar, mit zahlreichen Inseln, Halbinseln und Buchten, mit streckenweise hügeligem Ufer und Promenadenwegen, mit mehreren Sandstränden und mit seinem klaren Wasser ist der See Niesłysz, auch Niesulickie (Nischlitzsee), eines der größten und schönsten Gewässer in der Wojewodschaft Lebuser Land. Er wurde in der Gruppe der ›1. Sauberkeitsklasse von Oberflächenwasser‹ in Polen eingestuft. Hier läßt es sich ohne die Behelligung durch Motorboote nicht nur herrlich schwimmen, segeln, rudern und surfen, sondern auch angeln sowie rundherum wandern und radfahren. Wer sich mehrere Tage aufhalten möchte, der kann in drei Orten am See und direkt an Badestellen in Bungalows oder in Fremdenzimmern übernachten.

Etwa zwei Kilometer vom nördlichsten Ufer entfernt verläuft die Bahnstrecke, so daß es naturverbundene Touristen mit Bahnanreise nicht weit haben. Für unsere Tour haben wir als Ausgangspunkt den Bahnhof Mostki (Möstchen) ausgewählt.

Die Station wird nach rechts und quer durch das Dorf vorbei an der Kirche sowie am Gutshof mit gut erhaltenem Herrenhaus und Park verlassen. Vor dem Gutskomplex führt der Weg weiter durch die Niederung der Niesulicki (Nischlitz).

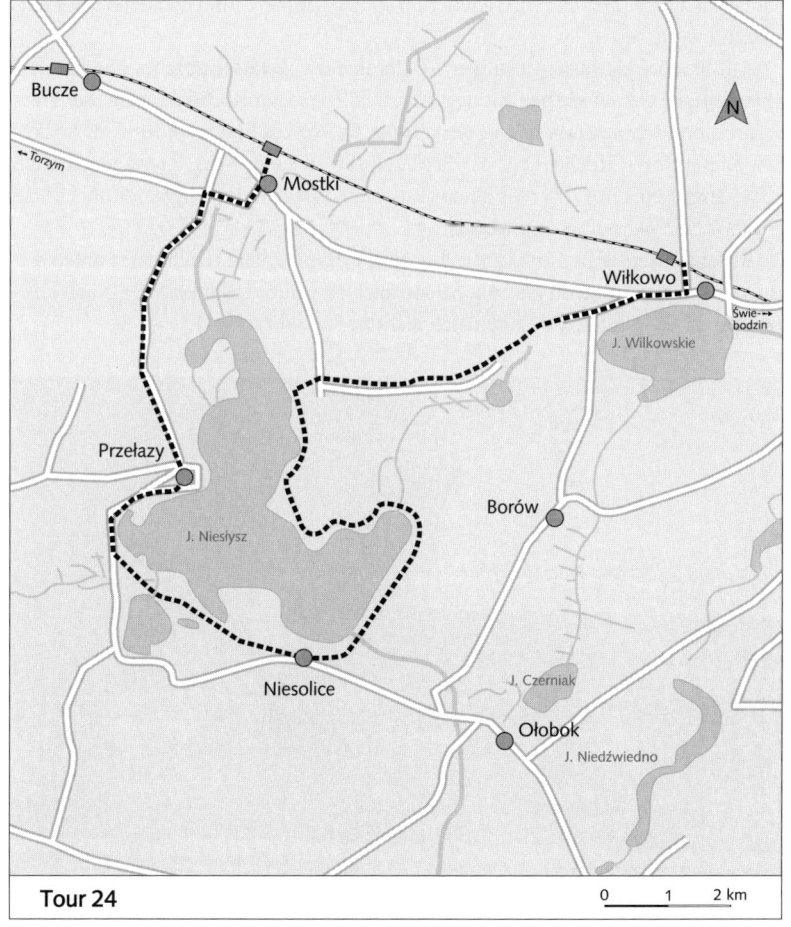

Tour 24   0   1   2 km

An der Kreuzung begeben wir uns nach links und folgen ab jetzt entlang der Straße einer Wanderwegmarkierung.

Zuerst ist der Wald sehr vielgestaltig und von Anlagen des Oder-Warthe-Verteidigungsbogens durchsetzt. Dann folgt Kiefernforst im Wechsel mit Feldern. Schließlich erblicken wir links den See Niesłysz (Nieschlitzsee) und die ersten Häuser von Przełazy (Seeläsgen).

An der originellen Kirche mit dem Fachwerkanbau aus dem Jahre 1912 biegen wir nach links ein. Die Straße endet als Sackgasse an den Toren zu einem Campingplatz sowie zu einem Familienferienobjekt, das im einstigen Herrenhaus untergebracht ist. Mit seinen Zinnen macht dieses 1923 umgebaute Schloß einen schmucken Eindruck. Man kann in den Park hineingehen und am Strand mit Steg ein Bad nehmen. Der Ort wird wiederum an der Kirche vorbei und dann links einbiegend verlassen.

Auf Kopfsteinpflaster gelangen wir durch ein vegetationsreiches und teilweise sumpfiges Gebiet am See entlang. An einer Wiese zur Rechten zweigt die Trasse auf einen schmalen Waldweg nach links ab. Nun befinden wir uns im trockenen Kiefernforst. Rechts liegt der See Jeziorko (Kleiner See). Zwischen Hügeln überqueren wir ein Fließ. An einem Rastplatz mit Anschauungstafel über Pilze könnte eine Pause eingelegt werden.

An einer Seebucht zur Linken folgt ein Campingplatz. Dahinter wählen wir nach rechts den kürzeren Weg zur Straße nach Niesulice (Blankensee). Nach links am Weg näher am Ufer befinden sich mehrere Urlauberobjekte.

Badestelle am See Niesłysz

Sage vom schwarzen Winkel im Nischlitzsee

Im Westen des alten Kreises Schwiebus liegt ein großer See, der Nischlitz genannt, dessen Ufer drei Dörfer umsäumen. Auf einem Bergvorsprunge in der Stadtheide an der Ostseite des Sees stand in alten Zeiten ein Raubschloß. Jetzt sind davon nur noch die Gräben und Wälle vorhanden; die Gebäude sollen aber einmal in einer Nacht, wie sie nie wieder kommen wird, in die Tiefe gesunken sein. Ein böser Raubritter, der eine schöne Tochter Hilde besaß, hielt nämlich einen Edelknaben tückisch gefangen. Dessen Verwandten wußten von dem Orte gar nichts, wo er im Verließ gehalten wurde; sonst hätten sie ihn gar gerne befreit. Nun schaute das junge Blut oft sehr sehnsüchtig nach Süden aus, wo seine Sippe wohnte; aber es konnte ihm nicht helfen. Das rührte Hilde, und sie beredete den Knaben, den sie liebte, mit ihr über den See zu entfliehen.

In einer finsteren Nacht, als ein Gewitter am Himmel stand, öffnete sie das Verließ des Gefangenen und führte ihn an der Hand durch ein Pförtchen hinunter an den See. Beide lösten dort einen Kahn und stiegen hinein. Beim ersten Ruderschlage des Edelknaben aber schlug ein Hund im Schloßhofe an. Der Ritter erwachte davon, und eine böse Ahnung sagte ihm, daß der Gefangene entflohen sei. Als er Gewißheit darüber hatte, ließ er seine Spürhunde los, die liefen hinunter an das Wasser. Da nahm der Ritter schnell den anderen Kahn und wollte die Flüchtigen verfolgen. Aber als er nur wenige Schritte vom Ufer entfernt war, zuckte plötzlich ein greller Blitz nieder und begrub Kahn und Ritter in der Flut, die an dieser Stelle bis tief in den Grund aufgewühlt wurde und noch heute der schwarze Winkel heißt.

Von der Sturzsee aber wurde auch Hildes und des Edelknaben Kahn in den Wellen begraben.

Noch jetzt vernimmt man in finsteren gewitterschwülen Sommernächten das Stöhnen derer, die im See begraben sind. Dann schäumt das Wasser und die Wellen, auf denen manche glauben, Hildes weißen Schleier gesehen zu haben, schlagen wild wider den Berg, als ob sie auch ihn in die Tiefe hinunterspülen möchten.

Gustav Zerndt, Sage vom schwarzen Winkel im Nischlitzsee, aus: Die Provinz Brandenburg in Wort und Bild. 2. Band, Leipzig und Berlin 1912

Wir durchwandern die Dorfstraße und biegen kurz vor dem Ortsausgang nach links in einen unbefestigten Fahrweg ein. Er führt wieder an den See heran, wo sogleich der kanalisierte Abfluß Ołobok (Mühlbockfließ) überquert wird. Dahinter folgt eine Badeanstalt. An ihr vorbei beginnt der schönste Teil der Tour entlang am Ostufer. Stellenweise ist es hügelig, und man genießt oft schöne Aussichten auf das große Gewässer. Es muß nur auf die Markierung geachtet werden. Wenn andere Wanderzeichen hinzukommen, bleiben wir jeweils links.

Schließlich folgen mehrere Badestellen. Das Wasser ist kristallklar. Man kann auf Wiesen oder am Sandstrand lagern. Der letzten Bademöglichkeit schließt sich ein Sumpfgebiet an. Hier geht es rechts bergan vorbei an Campinghäusern in den Wald hinein. Das kleine Anwesen Krzeczkowo (Stadtförsterei Schwiebus) bleibt links von uns, und wir begeben uns immer geradeaus durch einen abwechslungsreichen Forst, der nun schon kilometerlang durch Buchen bestimmt ist.

Neben dem Kopfsteinpflaster können wir den Rest der Strecke jetzt geradezu auf Wilkowo (Wilkau) zurücklegen. Diese kürzeste Variante führt allerdings ein Stückchen auf der Hauptstraße durch den Ort und dann vor der Kirche links zum Bahnhof. Wir können auch vor dem Dorf nach rechts zur alten Allee an den See herunter und auf schmalem Pfad bis zum Herrenhaus gelangen, das heute eine Außenstelle des Landesarchivs beherbergt. In diesem Fall muß die Hauptstraße nur überquert werden.

Eine Verlängerung der Tour um vier Kilometer ist möglich, wenn wir noch im Wald dem Abzweig der Markierung folgen und nach rechts einbiegen. Durch mannigfaltiges Gelände und mit manchen Kurven wird der See Wilkowskie (Wilkauer See) erreicht. Kurz vor dem Ort befinden wir uns auf einem Campingplatz mit Badeanstalt. Auch dieser See hat herrliches Wasser. Ein Fußpfad führt am Gewässer entlang und am Herrenhaus vorbei. Hinter diesem geht es rechts zur Straße und zum Bahnhof.

 Anreise: mit dem Zug von Frankfurt (Oder) bzw. Berlin. Abreise: mit dem Zug nach Frankfurt (Oder) bzw. Berlin. Übernachtung: in Przełazy Touristik- und Erholungszentrum ›Agawa‹; in der Bungalowsiedlung ›Irena‹ in Niesulice und dort auf mehreren Campingplätzen und in Fremdenzimmern; in Krzeczkowo auf dem Campingplatz mit Bungalows; in Wilkowo auf dem Campingplatz mit Bungalows. Geschäfte und Imbiß: in Mostki, Przełazy, Niesulice, Krzeczkowo und in Wilkowo. Radwanderer können diese Tour mit den Touren 23 oder 25 zu einer Tagesfahrt kombinieren oder bis nach Swiebodzin (Schwiebus) weiterfahren, wo eine Stadtbesichtigung lohnenswerter ist.

Entlang an Mühlbockfließ und -kanal

Tour 25: von Nietkowice (Straßburg) nach Mostki (Möstchen). Etwa 30 Kilometer.

Das aus dem See Niesłysz (Großer Nischlitzsee) entspringende und in die Oder mündende rund 20 Kilometer lange Mühlbockfließ, auf polnisch heute Ołobok, wird auf manchen alten Karten als Walkner-Fließ oder als Birkholzer Fließ bezeichnet, im Volksmund hieß es auch Mühlbocker Bach oder einfach Mühlbock. Sein Gefälle von etwa dreißig Metern reichte dazu aus, daß früher zehn Mühlenwerke betrieben werden konnten.

Um 1934 wurde damit begonnen, das Fließ und seine Niederung als Wasserhindernis im Rahmen der Oder-Warthe-Verteidigungsanlagen auszubauen. Davon legen einige in Ufernähe befindliche Bunkerköpfe, gestaute Wasserflächen und kanalisierte Abschnitte Zeugnis ab. Das Tal sollte bei Gefahr überflutet werden, und die Stauseen für die dazu notwendigen Wassermassen dienen. Als Naturfreund findet man hier eine abwechslungsreiche idyllische Landschaft vor.

Die vorgeschlagene Wanderung beginnt am Bahnhof Nietkowice (Straßburg, vorher Deutsch-Nettkow). Im Dorfzentrum biegen wir nach rechts ab und die folgende Straße nach links ein. Am Ortsausgang gabeln sich die Feldwege. Wir wählen den rechten, etwas sandigen, in den Wald hinein.

Nun sind sogar Markierungen auszumachen. An Lärchen vorbei gelangen wir an das hier kanalisierte Fließ. Auf breitem Wege biegen wir vor einem Stausee

Bei Scampe am Hammerfließ

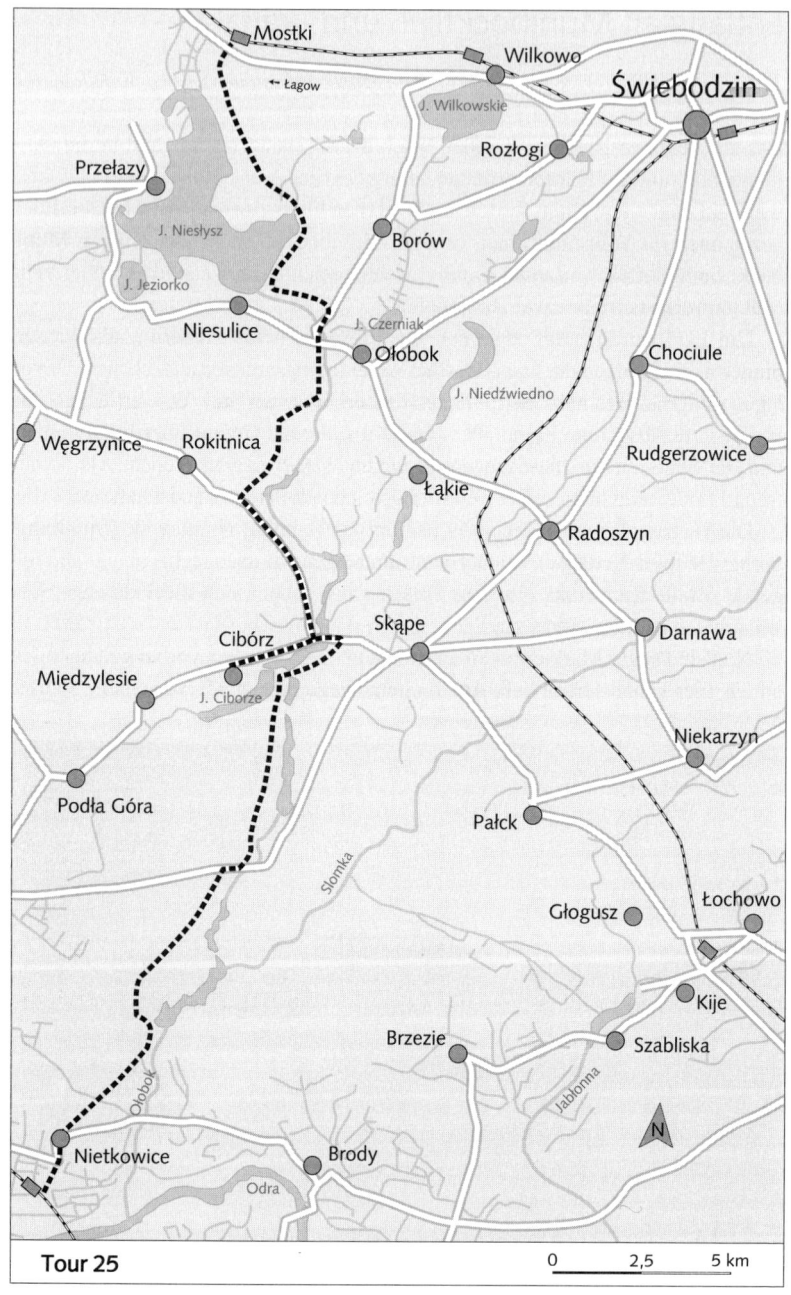

Tour 25

0   2,5   5 km

nach links ab. Hinter mehreren Kurven, auch an Wällen und Bunkern vorbei, gelangt man auf einen breiten Fahrweg mit dunklem Belag, der auf eine Chaussee endet. Auf ihr ist nach einem halben Kilometer rechts die Brücke über das Fließ erreicht.

Links davor biegen wir zu den wenigen Häusern von Przetocznica (Hammer) ab, wo 1722 die Dichterin Anna Luise Karsch als Tochter eines Bauern und Gastwirtes geboren wurde.

Am anderen Ortausgang befinden wir uns zunächst auf sandigen Waldwegen und bleiben geradeaus. Dann wird die Vegetation üppiger. Rechts von uns ziehen sich Sumpf und Seen hin, und an einer Stelle sieht man schließlich die Häuser von Czabry (Tschammermühle) zwischen den Gewässern.

Wir halten uns jedoch geradeaus und dann links und kommen so an den See Ciborze (Mittwalder See) heran. Hier lädt eine Badestelle zur Rast ein. Über eine Landenge gelangen wir auf eine Chaussee. Auf ihr führt die Wanderung nach rechts weiter, aber es lohnt sich vorher ein kurzer Abstecher nach links zur Siedlung Cibórz (Tiborlager) kurz vor Międzylesie (Mittwalde). Sie wurde während der faschistischen Zeit angelegt. Wo seinerzeit Soldaten stationiert waren, bestehen heute medizinische Einrichtungen und ein Hotel.

Zurück wandern wir auf der Chaussee bis zu einer Brücke, vor der wir links abbiegen. Wiederum sind wir auf Asphalt. Bald zeigt die Markierung nach rechts einen Abstecher durch Wald zu einem verlandenden See an. Wir können aber geradeaus bleiben und uns vor Rokitnica (Schönfeld) entsprechend der Wanderweg-Anzeige nach rechts in einen Waldweg begeben. Dieser macht mehrere Kurven, führt aber die Richtung etwa beibehaltend auf eine Straße und zu einer weiteren Brücke über das Fließ.

Dahinter beginnt Ołobok (Mühlbock). Wir müssen jedoch nicht durch das große Dorf gehen, sondern können neben dem kanalisierten Bach links entlangwandern. Ab der nächsten Brücke halten wir uns durch Wiesenlandschaft an der Straße parallel zum Gewässer.

Dann folgt an der früheren Birkholzer Mühle eine weitere Brücke und neben ihr eine mächtige Bunkeranlage, die auch als ›Wasserschloß‹ bezeichnet wird. Diese Einrichtung diente dazu, den Wasserspiegel des Sees Niesłysz (Nischlitzsee) abzusenken und die Stauseen des Fließes aufzufüllen. Bald hinter diesem Bauwerk biegen wir am Waldesrand nach links ein und gelangen vorbei an einer Bucht des Sees Nysłysz durch wundervollen Wald an eine zweite Badestelle bei Krzeczkowo (Stadtförsterei Schwiebus). Von hier bis zum Ziel Bahnhof Mostki (Möstchen) sind es nur noch knapp drei Kilometer.

Der letzte Abschnitt führt durch Felder an die Hauptstraße Poznań (Posen) – Frankfurt (Oder) heran, auf ihr links in das Ortszentrum von Mostki sowie nach rechts zum Bahnhof.

Das ländliche Jahr

Felder und Wälder der sandreichen Ebene wölbten sich in gemächlichem Auf und Ab. In ihren Vertiefungen standen Seen, von Schilf und Kiefernwäldern umgeben, und setzten ihre Niederungen in schmalen Wiesenzügen fort, die der Bach, der den Seen ihren Abfluß entführte, in unzähligen Windungen träge durchwanderte.

Die Äcker ringsum waren alle groß, und klein war entsprechend die Zahl der menschlichen Siedlungen im weiten Land. Von einem Hügel ließ es sich leicht meilenweit in den Umkreis schauen, ohne daß sich das Auge an einem Kirchturm oder Scheunendach zu stoßen brauchte. Man sah dann eben nichts weiter als endlos lange und endlos breite Felder, von geraden Linien willkürlich abgeteilt auf dem stets sanft gewölbten Erdboden. Dazwischen hinein fuhr wohl hier und da die doppelte Baumreihe, die einen Feldweg einfaßte. Und wo nicht Felder waren, breiteten sich bis ans Ende der Welt die Kiefernwälder in ihrem dunklen Farbenton.

Mitten in dieser dorf- und stadtfernen Einsamkeit gab es eine Stelle, wo sich das Gelände von allen Seiten her zu einer runden Vertiefung senkte. Dort drinnen hatte sich ein kleiner Teich niedergelassen, der nach keiner Seite hin Zu- noch Abfluß besaß. Er gab den Anschein beträchtlicher Tiefe, doch hatte sich die Bestätigung dieses Eindrucks lediglich von Mund zu Mund vererbt …

Ringsum auf dem sanften Gefälle hatten sich vor irgendwelchen Zeiten die Menschen zu einer Dorfgemeinschaft angesiedelt, und so lag dort auch heute das Dorf Bratzig mit seinen fünfzehn Bauergehöften und dem einen größeren Gut. Überraschend gefällig und in natürlicher, geschlossener Anordnung hockte es da rings um den kleinen Teich. Die Wohnhäuser standen hinter kleinen Vorgärten und wandten ihre Fronten und Giebel dem Teichmittelpunkte zu. Die Wirtschaftsgebäude zogen sich nach hinten aus der Peripherie des Dorfkreises hinaus, und nach hinten auf die Felder öffneten sich auch die Einfahrten der Höfe, während nach vorne zur Dorfstraße nur schmale Fußsteige hinabführten. Die Straße lief ohne Anfang und Ende rings um den Teich herum, aber sie hatte zwei Zugänge von außen, die als baumbereihte, tiefspurige Feldwege aus weiter Ferne auf das Dorf zugelaufen kamen und sich zwischen den Gehöften durch zum Teich hinabbohrten. Sie zeigten damit den besten Willen, dem kleinen Dorf die Verbindung zur Welt zu vermitteln, ohne die keiner auskommt.

Karl Benno von Mechow, Das ländliche Jahr, München 1929

i Anreise: mit dem Zug von Rzepin (Reppen), bis dort mit dem Zug von Frankfurt (Oder) bzw. Berlin.

Abreise: mit dem Zug nach Frankfurt (Oder) bzw. Berlin.

Übernachtung: Szklarka Radnicka (Rädnitzer Hüttenwerke), etwa sieben Kilometer vom Startort entfernt, Motel ›Red Impuls‹; in Cibórz Hotel im Objekt der Klinik in Krzeczkowo; etwa drei Kilometer vom Zielort entfernt auf dem Campingplatz mit Bungalows.

Geschäfte: in Nietkowice, Ołobok und Międzylese.

Imbiß am Campingplatz Krzeczkowo.

Radwanderer können diese Tour mit den Touren 23, 24 oder 26 zu einer Tagesfahrt kombinieren.

Wenn Fußwanderern die Tour für einen Tag zu lang ist, dann können sie daraus eine Zweitageswanderung mit Übernachtung in Cibórz gestalten.

Durch das liebliche Tal der Griesel

Tour 26: von Wilkowo (Wilkau) nach Radnica (Rädnitz). Etwa 32 Kilometer.

Das etwa eineinhalb Kilometer breite Tal der Gryżinka (Griesel) mit einer dazu fast parallel verlaufenden Seenkette hält für fuß- oder radwandernde Touristen zahlreiche wunderschöne landschaftliche Eindrücke bereit. Diese Gewässerniederung liegt dreißig bis vierzig Meter tiefer als die Höhen rundum. Dazu gibt es viele Quertäler und Berge dazwischen. Ein markierter Wanderweg führt als zweite Hälfte unserer Tour von Norden nach Süden zu den schönsten Punkten dieser einzigartigen und vielleicht nur mit dem Schlaubetal vergleichbaren Region, die zum Abschluß hin dann wieder Flachland bietet.

Begonnen wird die lange Wanderung vom Bahnhof Wilkowo (Wilkau) aus. Wir überqueren die Hauptstraße im Ort nach rechts und biegen dann links zum Uferweg ein, der sich nach rechts am See entlang verbreitert und dann in eine Allee übergeht. Er führt auf eine Straße, die wir nun zunächst durch Wald und dann neben Äckern durch Borów (Birkholz) und weiter bis Ołobok (Mühlbock) wandern.

An einer Brücke ist eine Bunkeranlage zu sehen. Gleich dahinter biegen wir rechts in einen Pfad ein, der entlang der Ołobok (Mühlbockfließ) bis zum See Niesłysz (Nischlitzsee) führt. Rechter Hand befindet sich eine Badeanstalt. Wir gehen jedoch nach links, gelangen auf die Straße und wandern auf dieser nach rechts geradeaus weiter durch Niesulice (Blankensee) bis nach Kalinowo (Goldbach).

Der Nase nach und wieder mit der zwischenzeitlich unterbrochenen Markierung folgen Wälder und danach Wald. An einem Hohlweg ist es sandig. Über Hügel mit Buchen und Blaubeerkraut führt der Weg auf Błonie (Blankfeld) zu, wo eine Straße überquert wird. Durch das kleine Dorf muß man sich geradeaus halten. Dann nimmt uns wiederum die weite Feldmark und anschließend links einbiegend der Wald auf.

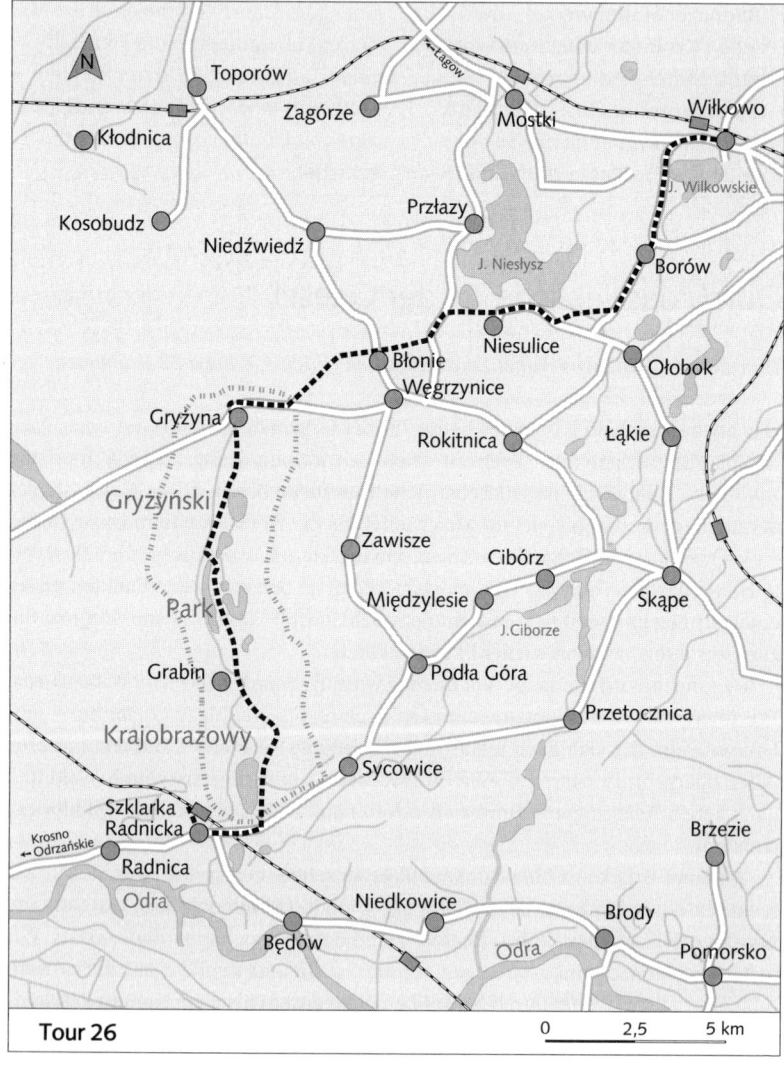

Tour 26

0   2,5   5 km

Hotel im Jagdschloß Gryzyna

Die Landschaft wird bergiger, die Wege schöner. In der Nähe befinden sich die Anhöhen Graniczna (Grenzberg) mit 127 und Jażwinki (Elisenhöhe) mit 131 Metern über dem Meeresspiegel. Schließlich gelangen wir, uns immer geradeaus haltend und dann nur zwei Biegen folgend, auf eine Straße. Sie führt rechts nach Gryżyna (Griesel), das hübsch im Talrand liegt.

Nach links unweit der Gryżynka, die in der Nähe aus einem Teich entspringt, befindet sich das Jagdschloß-Hotel ›ars vivendi‹. Dieses reizvolle, von einem hübschen Park umgebene Anwesen war einst Gutshaus, wurde von den Hohenzollern zum Jagdschloß umgestaltet und besticht jetzt nicht nur sein Äußeres, sondern auch durch seine geschmackvolle Innenausstattung als Unterkunft, Freizeit- und Verpflegungsstätte.

Am Hotel vorbei und nun bereits im Landschaftsschutzgebiet befindlich, beginnt der schönste Teil der Tour entlang der vielfältigen Gewässer zwischen den Höhenzügen. Ortauswärts durch Augustynka (Augustenhöhe) fällt eine schön angelegte Allee auf. Vor dem Campingplatz am See Gryźynskie (Kalksee), der sehr klares Wasser hat, biegen wir nach rechts ein.

Bergan ist es stellenweise sandig. An den Hügeln gedeihen die Heidelbeeren gut. Da es einige Abzweigungen gibt, müssen wir uns immer an die Markierung halten. Rechts von uns verläuft das Flußtal, links liegen Seen und Teiche. Schließlich gelangt der Weg an das Ufer hinunter, und wir durchwandern entlang mehrerer Gewässer sowie über ein Fließ einen Promenadenweg.

Erst wenn wir den letzten See hinter uns gelassen haben, geht es nach rechts wieder in die Hügel hinein, die früher Fischberge hießen. Es folgen noch einige Windungen, bis sich rechts der Wald lichtet und an einer Kreuzung rechts hinter dem Fließ Grabin (Krämersborn) zu sehen ist.

Dorthin bietet sich ein Abstecher an, um die hübsche Fachwerkkirche und das Hotel zu besichtigen, das einst Gutshaus und später der Sitz der Forstleute in dieser Waldidylle war. Zum markierten Weg geht es wieder auf das andere Ufer des Flüßchens hinüber. Nach rechts hinein erschließt sich nun eine äußerst liebliche Wiesenlandschaft, die wir vom Waldrand aus genießen. Der Weg zweigt schließlich nach links ab und führt im weiten Bogen um die Seen Jatnik (Jostinksee) und Jeliti (Gelud- oder Grieselsee) herum. Zumeist haben wir nun trockenen Kiefernforst neben uns, aber zwischendurch auch den Rand von Gewässern. Ein Fließ ist noch zu überqueren, und dann sind wir bald auf der Chaussee angelangt. Auf ihr geht es nach rechts und hinter einer Brücke wiederum rechts in den Ort Szklarka Radnicka (Rädnitzer Glashütte) mit dem Bahnhof Radnica (Rädnitz).

Hier hatte sich einst eine Firma als Glashütte angesiedelt, die um das Jahr 1925 etwa 250 böhmische Glasbläser beschäftigte. Heute zeugen davon nur noch Arbeiterhäuser.

Anreise: mit dem Zug von Frankfurt (Oder) bzw. Berlin. Abreise: mit dem Zug nach Rzepin (Reppen), von dort nach Frankfurt (Oder) bzw. Berlin.
Übernachtung: in Wilkowo auf dem Campingplatz mit Bungalows; in Niesulice mehrere Campingsiedlungen und Fremdenzimmer; in Gryżyna Hotel im Jagdschloß ›ars vivendi‹ (deutschsprachige Leitung), Pension ›Lech‹; in Grabin Pension im früheren Gutshaus ›Dworek

Dalia‹; in Szklarka Radnicka Motel ›Red Impuls‹.
Gaststätten und Geschäfte: in Wilkowo, Niesulice Gryżyna und Szklaraka Radnicka.
Radwanderer können diese Tour mit der Tour 24, 25 oder 27 zu einer Tagesfahrt kombinieren. Wenn Fußwanderern die Tour zu lang ist, dann können sie daraus eine Zweitageswanderung mit Übernachtung in Gryżyna gestalten.

Von Topper nach Rädnitz

54 Kilometer Topper (Knispels Gasthaus, zum Übernachten). Das stattliche Schloß gehörte einst dem Feldmarschall Edwin Freiherr von Manteuffel (geb. 1809 in Dresden, gest. 1885 in Karsbad), der auch auf dem Friedhofe des Dorfes begraben liegt.

Von Topper über Griesel nach Rädnitz (5 1/2 Stunden; Karriolpost bis Griesel morgens 8, zurück 10 Uhr, für 60 Pfennige). Westlich vom Bahnhof bei Bude 25 nach Süden Landweg durch dürftige Heide zum (50 Minuten) Südende von Kunersdorf (Kreis Krossen; Schenke) nahe dem Glockensee. Weiter, in der zweiten Hälfte durch eine schöne Eichenallee, nach Griesel (1 1/4 Stunden, Gasthaus Hohenzollern, 2 Betten), sehr anmutig im Grünen am Grieselbach, der hier entspringt, gelegen, mit Jagdschloß und Park des Fürsten von Hohenzollern (der Park zugänglich nach Anfrage bei Kastellan).

Von Griesel ziehen sich südlich bis Krämersborn (etwa 2 Stunden) zwei von bewaldeten Höhenzügen begleitete schmale Täler. Das westliche Tal, in dem der Grieselbach die Vorder-, Mittel- und Hintermühle berührt und gegen Ende den Schwadeteich durchfließt, bietet auf der Westseite guten Wald (bei günstigem Stande der Sonne kann man von der Vordermühle bis zum Schwadeteiche auch sehr wohl auf der Ostseite gehen): hier und da jedoch, besonders zuletzt, ist der Weg etwas sandig. Ein wenig weiter, aber lohnender wegen mehrerer Seen und Eichenalleen ist die Wanderung durch das östliche Tal. Vom Schlosse geradeaus durch Augustenhöhe, dann bald an der Ostseite des Kalksees hin; nach 50 Minuten auf die Westseite des Tales und nun immer auf dieser am Seidelteich vorbei, der ebenso wie der später folgende größere Kalkteich zur Züchtung von Karpfen benutzt wird; nach 3/4 Stunden (10 Minuten jenseits der Fischerhütte am Kalkteiche), bei einem abgeholzten Hügel (rechts) vom Hauptwege links ab den Fahrweg, der bald rechts umbiegt, nachher am laubumkränzten, hübschen See entlang geht und nach 1/2 Stunde vor der Mühle am Ostende von Krämersborn, wo man den Grieselbach überschreitet. Aufwärts durch das freundliche Dorf, an der Kirche und am Wirtshaus (rechts) vorbei, zum (1/4 Stunde) Westende. Dann südlich (Blick nach den Höhen des Odertales) zum Teil nochmals durch Wald, nach Bahnhof Rädnitz (55 Minuten).

Emil Albrecht, Von Frankfurt nach Schwiebus, aus: Wanderbuch für die Mark Brandenburg. Östliche Hälfte, Berlin 1907

Romantisch in Wäldern gelegene Seen

Tour 27: von Radnica (Rädnitz) nach Krosno Odrzańskie (Crossen). Etwa 25 Kilometer.

In den großen Forstgebieten nordöstlich von Krosno Odrzańskie (Crossen) befinden sich zahlreiche Seen in den unterschiedlichsten Größen. Sie sind durch Fließe miteinander verbunden, darunter durch die Biela (Biele). Unser Weg führt fast ausschließlich durch Waldgebiete. Es ist vorteilhaft, daß wir die gesamte Strecke auf einem markierten Weg wandern. Anderenfalls könnte leicht unterwegs die Richtung verfehlt werden.

En dieser Weltabgeschiedenheit kommen wir nur durch zwei kleine Dörfer. Man sollte also ausreichend Proviant bei sich haben. Am Bahnhof Radnica werden zunächst die Gleise überquert. Dann begeben wir uns nach links auf die Straße in Richtung Grabin (Krämersborn). Von dieser Kopfsteintrasse zweigt der markierte Weg nach links in den Wald ein.

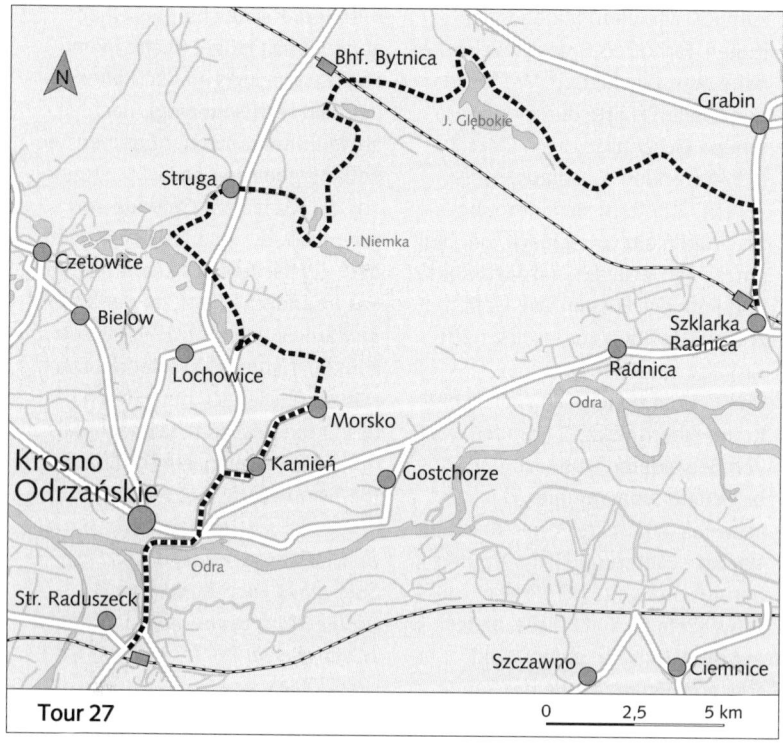

Nun empfängt uns für längere Zeit die Einsamkeit zwischen Kiefern und manchmal auch Laubbäumen. Zuerst ist der Fahrweg breit und fest. Dann führt uns die Markierung aber auch auf sandigen Untergrund, auf schmale Pfade und sogar durch wegeloses Gelände.

Das geschieht vor allem durch das hügelige Terrain nahe am rund zwei Kilometer langen See Gębokie (Glembacher See). Hier muß man sogar durch hohes Gras und Gestrüpp laufen, und die Suche nach einer Markierung am Baum ist stellenweise schwierig. Dafür entschädigt die herrliche Landschaft, die sich ab und zu über das Gewässer nach links darbietet.

Schließlich wird der Weg wieder besser. Wir kommen an zwei Scheunen vorbei und biegen bald nach links in einen engen Fußsteig ein. Nochmals nach links kommen die wenigen Häuser von Gębokie (Glembach) in Sicht, das seine frühere Einwohnerschaft von etwa 80 Personen kaum erhöht, sondern eher verringert hat.

Den Grundstücken folgt eine Badestelle, die idyllisch unterhalb des Hangs liegt. Nach der Erfrischungsrast wenden wir uns entgegengesetzt vom See dem Kiefernforst zu. Nun wird der Weg stellenweise sandig. Schließlich ist die Bahnstrecke erreicht und ein Stückchen weiter, vor dem zwei Kilometer vom Ort entfernten Bahnhof Bytnica (Beutnitz), der Gleisübergang.

Auf der anderen Seite gelangen wir zu zwei versandenden Fischteichen. Über eine Knüppelbrücke zwischen ihnen geht es weiter. Durch schönen Forst stoßen wir auf die nächsten zwei Gewässer, die hübsch in den Wald eingebettet liegen. Zwischen beiden wenden wir uns über ein Fließ nach rechts und machen an einer Badestelle Rast.

Hotel in Szklarka Radnica

Crossen an der Oder

Die anmutige Lage lockt in den Sommermonaten zahlreiche Großstädter, in Crossens grünen Bergen ihre Erholung zu suchen. Und wahrlich, wer einmal in unmittelbarem Verkehr mit der Natur sein Gemüt erfrischen, seinen Geist erheben, wer in still-friedlicher Umgebung seine Nerven vom Getriebe der Weltstadt erholen will, der braucht nicht immer erst in weite Fernen zu reisen. Wie manch anderer lieblicher Punkt in der vielfach und mit Unrecht geschmähten Mark, ist dies stille und freundliche Städtchen wohl geeignet, ihm die ersehnte Erholung zu bieten. Von dem Rücken der nördlichen Hügelkette hat man die reizendsten Fernsichten über das Flußtal. Eine der anmutigsten bietet der ebenfalls an der Berglehne gelegene, schattige Friedhof. Man blickt von demselben gerade auf das Städtchen selbst hernieder, das jenseits der Oder mit seinen roten Ziegeldächern heraufgrüßt, überragt von dem Schlanken, über 200 Fuß hohen Turm der Marienkirche, der, durch einen gewaltigen Wirbelsturm 1886 bis zum Kirchendach abgebrochen und zertrümmert, nun in neuer Schönheit und ganz in Eisenkonstruktion, aber nach dem Bilde des alten in reinem Barockstil wiederhergestellt worden ist. Von einem anderen Punkte, der ›Wilhelmshöhe‹, hat man das Bild der Bobermündung vor sich, welches durch die vielfachen Windungen dieses Flusses besonderen Reiz erhält. So wechselt mit dem Ort, von welchem man aus Umschau hält, das Panorama, immer aber trägt es den Charakter der Lieblichen und immer wieder bietet es reiche Mannigfaltigkeit und weiten Umkreis. Zur Belebung des Bildes dient der lebhafte Schiffsverkehr auf dem breiten Oderstrom, auf dessen Rücken stattliche Dampfer mit dunklen Rauchfahnen und langen Schleppzügen oder weißbeschwingte Segelkähne beständig hin und her gleiten.

Eine interessante Veränderung bietet das von oben gesehene Stadtbild zur Zeit der fast jährlichen Überschwemmung. Dann liegt die rötliche Häusermasse und die nach Süden bis zum Bahndamm und nach der fernen Hügelkette führende Straße wie eine Insel inmitten eines weiten, wogenden Meeres. An schönen Tagen ist die Luft stets ungetrübt und klar. Denn nur ein einziger Fabrikschornstein reckt sich in die Höhe, wenig imstande, die sauberen Häuser, die wie im Sonntagsstaat dastehen, mit seinem Ruß zu umhüllen gleichsam wie mit dem grauen, staubigen Alltagsgewand des Aschenbrödel.

Florentine Gebhardt, Crossen an der Oder, aus: Die Provinz Brandenburg in Wort und Bild. 2. Band Leipzig und Berlin 1912

Bald führt ein breiter Fahrweg über eine Chaussee hinweg in das Dorf Struga (Straube). Es bleibt rechts neben uns und liegt ganz idyllisch im Tal der Biela. Nach einer etwas hügeligen und stellenweise sandigen Strecke müssen wir an einer Kreuzung darauf achten, daß wir den Weg nach links mit einer andersfarbigen Kennzeichnung nehmen.

Zwischen Gewässer und Niederung wird nochmals die Straße überquert. Wir müssen noch kurz an ihr laufen, um dann vor einem See nach links zur Badestelle und zum Uferweg einzuschwenken. Nach einem Stückchen Waldweg folgt rechts der Eingang zum Campingplatz am See Łochowickie (Lochwitzer See), der auch über Zimmer im massiven Haus verfügt.

Wir bleiben noch ein Stück auf dem breiten Anfahrtsweg, biegen nach links ein, um dann nach rechts wieder Waldwege zu nutzen. Vor Morsko (Murzig) besteht eine vegetationsreiche Niederung. Am Ort vorbei sind wir wieder auf fester Straße und schließlich in einer offenen Landschaft mit Feldern zur Linken.

Bald folgt Kamień (Kähmen), und wenige hundert Meter weiter ist das Tagesziel Krosno Odrzańskie erreicht. Wir stoßen direkt auf die Odra (Oder), die nach links bei Chyże (Hundsbelle) und bei Gostchorze (Goskar) über beachtliche Uferberge verfügt, an denen früher Wein angebaut wurde.

Auf der Promenadenstraße nach rechts wird die Brücke und gleich hinter ihr die Abfahrtsstelle der Autobusse erreicht. Der Bahnhof der Stadt befindet sich in südlicher Richtung etwas außerhalb.

Lohnenswert ist auch ein Rundgang durch den geschichtlich interessanten Ort mit der mächtigen Marienkirche, Resten der Stadtmauer und schönen Uferpartien.

ℹ Anreise: mit dem Zug von Rzepin (Reppen), bis dort von Frankfurt (Oder) bzw. Berlin.
Abreise: Mit dem Autobus nach Słubice (Frankfurt-Dammvorstadt), von dort zu Fuß nach Frankfurt (Oder) oder mit dem Zug nach Guben.
Übernachtung: in Krosno Odrzańskie Hotel ›Pod Skarpa‹, Straße Chrobrego 9, Hotel ›Garnizonowy‹, Straße 17 Pionierów 9, Hotel Plattenwerk, Straße Grobla 27; in Łochowice (Lochwitz) Touristisches Ferienheim am See, Campingplatz mit Bungalows; in Szklarka Radnica (Rädnitzer Glashütte) Motel ›Red Impuls‹.
Gaststätten: in Krosno und in Szklarka Radnica.
Geschäfte außerdem in Struga (Straube) und in Łochowice.
Radwanderer können diese Tour mit den Touren 26 oder 28 zu einer Tagesfahrt kombinieren. Oder sie fahren noch am gleichen Tage auf Chausseen entweder nach Frankfurt (Oder) etwa 60 Kilometer beziehungsweise nach Guben etwa 30 Kilometer zurück.

Von der Oder zum Signalberg

Tour 28: von Krosno (Crossen) nach Drzeniów (Drehnow). Etwa 26 Kilometer.

Parallel zum südlichen Teil der Straße zwischen Krosno Odrzańskie (Crossen) und Frankfurt (Oder) zieht sich östlich eine Kette von Seen und Teichen hin. Etwas weiter nördlich überquert ein Höhenzug die Trasse. ›Gipfel‹ wie der Zajacznik (Hasenberg) mit 78 oder der Signal (Signalberg) mit 129 Metern über dem Meeresspiegel gehören zu den markantesten Erhebungen in dieser Region. Unsere Wanderung will also mit einer sehr abwechslungsreichen Landschaft bekanntmachen.

Ausgangspunkt ist die zentrale Autobushaltestelle im Zentrum von Krosno Odrzańskie. Sie befindet sich neben den Resten der mittelalterlichen Stadtmauer und der Kirche der Heiligen Hedwig (Marienkirche). Die Schule dahinter hat zur deutschen Zeit der Schriftsteller Klabund besucht, der unter anderem die ›Ode an Crossen‹ schuf. Der sich anschließende Schloßkomplex wurde im Zweiten Weltkrieg stark zerstört und besteht größtenteils aus Ruinen.

Wir überqueren die Brücke über die Odra (Oder) und genießen von ihr herab einen herrlichen Blick den Fluß entlang bis zur Mündung des Bóbr (Bober). Das

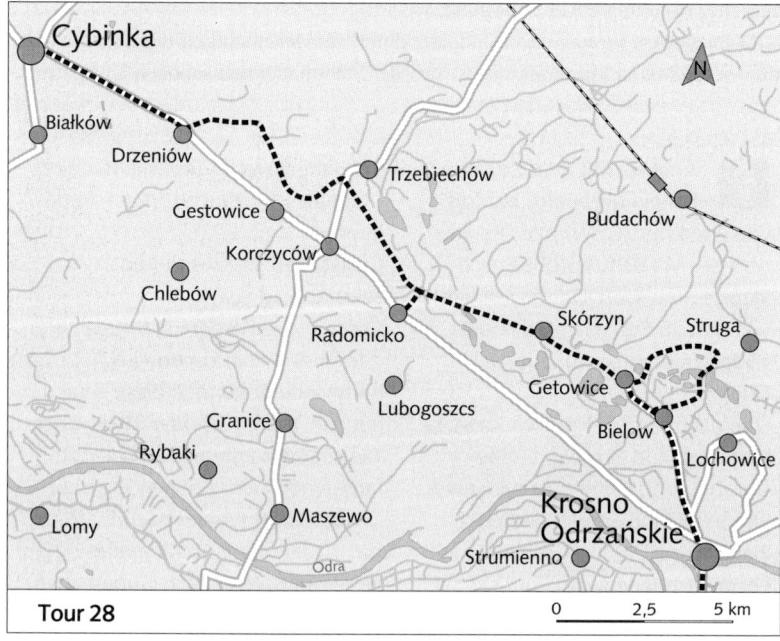

Tour 28

Kleine Fachwerkkirche Rzeczycam

Bracke

Bracke ging über die hölzerne Oder-
brücke. Er stieg durch Weinberge,
in der Richtung Lochwitz.
Die Trauben hingen an den
Stöcken, schon violett.
Ein Vogel krallte sich an einen
Zweig und pickte eine Beere.
Oben auf der Höhe sah er das
Sternberger Hügelland im Herbst
sich rostrot über den Horizont
wölben.
Dort sind meine roten Berge, sann
er.
Dahinter liegt das Paradies. Die
Ruhe. Der Schlaf im Daunenbett
der Ewigkeit.
Und er wanderte – über Lochwitz,
durch die Lochwitzer Heide, durch
Kiefernwälder, an kleinen, mit
Binsen umstandenen und von den
letzten Libellen umschwärmten
Seen vorbei.
Bis an die Knie oft versank er im
weißen märkischen Sand.
Und als er die rostroten Höhen
erreicht hatte: da buckelte sich
hinter ihnen verheißend eine neue
Hügelkette.
Und hinter diesen stiegen neue
Hügel. Und immer so fort.
Er setzte sich auf einen Wurzelast,
der aus dem Boden wucherte.
Ich werde kehrtmachen, dachte er.
Es ist immer dasselbe. Ich bin
zu alt, um noch tausend Hügel
zu überschreiten – hinter dem
tausendsten möchte wohl erst das
Meer liegen.

Aber hinter dem Meer – ein neues
Land: mit Palmen, Papageien,
Affen und schwarzen Menschen –
und tausend neuen Hügeln.
Es gilt, sich zu bescheiden. In
seinem Kreise rundzuwandeln.
Dies ist die Pflicht des Alters.
Zurück also nach Crossen: statt
Palmen zu Eichbäumen, statt Papa-
geien zu Spatzen, statt Affen zu
Ferkeln, statt schwarzen zu weißen
Menschen.
Ich werde in mein Vermächtnis
schreiben, daß man mich auf dem
Armenfriedhof begrabe.
Er liegt den rostroten Bergen am
nächsten.

*Klabund, Bracke. Ein Eulenspiegel-
roman, Berlin 1918*

südliche Gelände ist vollkommen flach, während sich am nördlichen Ufer Hänge hinaufziehen. Deshalb wird auch das hübsche Gotteshaus, das wir links sehen, die St. Andreas-Kirche, als Bergkirche bezeichnet.

Wir begeben uns hinter der Brücke nach schräg links neben einer Postmeilensäule zur Erinnerung an die uralte Heer- und Handelsstraße und der Neuapostolischen Kirche vorbei in einer Fußgängerzone bergan. Diese Straße heißt WOP und nach dem Übergang über die Hauptdurchfahrtsstraße Kościuszki.

Sie führt uns an Kleingärten und am Friedhof entlang aus der Stadt hinaus. Vor uns breiten sich weite Felder aus, im Hintergrund beginnt der Wald. Über einige Hügel ist Bielów (Bielow) erreicht. Jetzt können wir an der Straße direkt nach Czetowice (Zettitz) eine Abkürzung nehmen oder wir biegen der Markierung folgend nach rechts ein und kommen an einigen Häusern mit den früher typischen Vorlauben vorbei.

Wir befinden uns wieder auf dem freien Feld mit weiter Sicht. Rechts am Horizont ist das Dorf Łochowice (Lochwitz) auszumachen. Dann beginnt Wald. Der Weg führt bald an Teiche heran und zwischen ihnen hindurch. Sie wurden im Tal der Biela (Biele) für die Fischzucht angelegt.

Hinter dem Wasser biegen wir an einer Kreuzung nach links ab, und kommen – jetzt mit andersfarbiger Markierung – bald in eine offene Landschaft. Nochmals zweigen wir nach links ab, dann ist auf stellenweise sandigem Weg Czetowice (Zettitz) erreicht. Nach rechts und an der Kirche vorbei bleiben wir am Ortsausgang geradeaus und kommen entlang des Teiches Wielki (Skyrenteich), an dem man als Tourist angeln kann, auf unbefestigtem Weg durch einen abwechslungsreichen Wald und nach Skórzyn (Teichwalde), das der Nase nach durchquert wird.

Wiederum durch Wald und einer sich anschließenden lieblichen Wiesenlandschaft bei Radomicko (Radenickel) sind es gut drei Kilometer. Dieses Dorf zieht sich nach links bis an die Hauptstraße hin. Wir halten uns jedoch an die Markierung und tauchen nach einem Stückchen auf breitem Fahrweg und über eine Fließbrücke wieder rechts in den Wald ein.

Der Forst macht an sandiger Stelle Feldern Platz. Wenn wir eine Straße überquert haben, geht es bald nach links in das bergige Gelände und im Bogen nach rechts zum Signalberg. Zwischen den Bäumen hindurch besteht gelegentlich eine hervorragende Panoramasicht auf die bewaldete Landschaft. Gestowice (Tammendorf) bleibt links von uns an der Straße liegen.

Schließlich gelangen wir talwärts in das idyllisch gelegene Dorf Rzeczycam (Riesnitz). Wir biegen nach rechts hinein und wieder nach links hinaus. Dazwischen lohnen Blicke nach links zum Gutshof und auf die schmucke Kirche im Fachwerkstil, die um 1730 errichtet wurde.

Im Wechsel von Feld und Wald mit etwas sandigen oder ausgefahrenen Stellen sind es bis zum Ziel nur noch zwei Kilometer. Wenn die Markierung nach rechts abzweigt, bleiben wir geradeaus und gelangen auf diese Weise an die Straße heran und somit nach Drzeniów (Drehnow) mit einer interessanten gotischen Kirche aus dem 15. Jahrhundert. Von der Autobushaltestelle aus kann die Rückfahrt angetreten werden. Bis zum nächsten größeren Ort Cybinka (Ziebingen) mit Übernachtungsmöglichkeit sind es etwa fünf Kilometer (Siehe dazu Tour 8).

 Anreise: mit dem Autobus von Słubice (Frankfurt-Dammvorstadt), bis dort zu Fuß von Frankfurt (Oder) oder mit dem Zug von Guben.
Abreise: mit dem Autobus nach Słubice, von dort zu Fuß nach Frankfurt (Oder) oder mit dem Autobus nach Krosno, von dort mit der Taxe zum Bahnhof und mit dem Zug nach Guben.
Übernachtung: in Krosno Odrzańskie Hotel ›Pod Skarpa‹, Straße Chrobrego 9, Hotel ›Garnizonowy‹, Straße 17 Pionierów 9, Hotel Plattenwerk, Straße Grobla 27; in Czetowice (Zettitz) Gästezimmer in einer Fischereiwirtschaft (bei Aufteilung der Tour auf zwei Tage).
Gaststätten: in Krosno.
Geschäfte: außerdem in allen Dörfern unterwegs.
Radwanderer können diese Tour mit den Touren 8 und 27 zu einer Tagesfahrt kombinieren oder am gleichen Tag noch auf der Chaussee nach gut 30 Kilometern Frankfurt (Oder) erreichen.

Imkermuseum und Wassersporteldorado

Tour 29: von Międzyrzecz (Meseritz) nach Pszczew (Betsche). Etwa 22 Kilometer.

Östlich des früheren Sternberger Landes schloß sich der Kreis Meseritz, heute Międzyrzecz, an. Die hier befindlichen zumeist sehr klaren Seen in wundervoller Lage sind Geheimtips nicht nur für Angler und Naturfreunde, sondern auch für Schwimmer und Bootsfahrer. Das hat sich bei deutschen Fuß- und Radwanderern noch wenig herumgesprochen, da das Gebiet hundert und mehr Kilometer von der Grenze entfernt ist. Deshalb ist man gut beraten, für einen Besuch mehrere Tage einzuplanen. Die Vernetzung der Touren dieses Wanderbuches ermöglicht es, in zwei bis sechs Tagesetappen von einem gut erreichbaren Bahnhof oder von den Oderübergängen aus die Region bis hierher zu erwandern und dabei zusätzlich noch Ruhetage einzulegen.

Vom Bahnhof in Międzyrzecz, wo sich zugleich der Autobushaltepunkt befindet, begeben wir uns nach links über den Gleiskörper hinweg. Die Straße biegt nach rechts ab, während wir geradeaus auf einen Feldweg gelangen. Rechts in der Ferne sehen wir die neu errichteten Häuser von Obrzyce (Obrawalde).

Wir halten uns geradeaus. Rechts folgt der Zaun beziehungsweise die Mauer zu einer großen medizinischen Einrichtung, die einst um das Jahr 1900 als ›Landesirrenanstalt‹ entstand und die, wie ein Mahnmal aussagt, während der faschistischen Zeit etwa 10 000 Euthanasieopfer zu beklagen hatte.

Nach links führen Wege zu einem Campingplatz und zu einem Freibad an der Obra (Obra). Unser Weg führt aber geradeaus auf eine asphaltierte Allee. Auf ihr geht es links nach Zółwin (Solben). Hier stoßen wir auf eine Wanderwegmarkierung, die von Bobowicko (Bobelwitz) kommt und uns zukünftig begleitet. Das Dorf liegt äußerst idyllisch an der Obra. Deshalb ist an der Brücke eine kleine Pause für jeden Naturfreund ein Muß. Es folgt eine liebliche Landschaft mit Wiesen an der Obra-Niederung zur Rechten und dem See Zółwin (Solbener See) zur Linken.

Durch das binnen kurzem erreichte Dorf Kuligowo (Kulkau) bleiben wir geradeaus. Der Asphalt geht in einen festen Waldweg über, und gut drei Kilometer lang folgt nun ein Forstgebiet. Wir befinden uns mittlerweile auf dem Europäi-

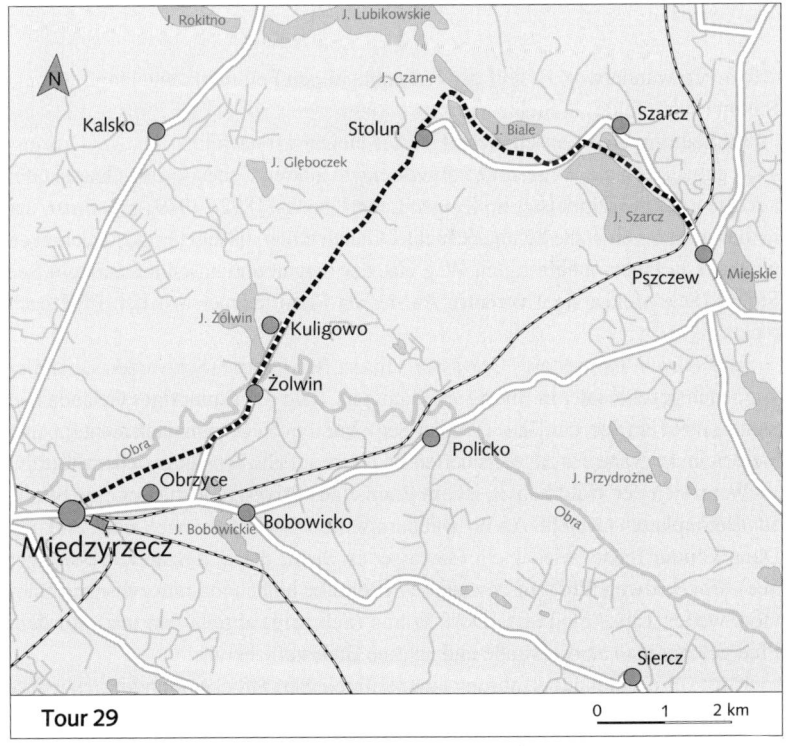

Tour 29

0   1   2 km

Ferienanlage in Pszczew

schen Fernwanderweg 11. Auf der etwas hügeligen Feldmark angelangt, ist bald Stołun (Schönfelde) in Sicht.

Im Zentrum dieses ansehnlichen Dorfes biegen wir nach links ab. Am Ortsausgang gabeln sich die Wege; dort fällt vor einem älteren Gebäude eine Gedenktafel auf. Sie ist dem Weltmeister im Ringen Leon Pinecki (1892 – 1949) gewidmet, der in diesem Haus einst die Schule besuchte. Gleich hinter diesem Grundstück biegen wir links in einen unbefestigten Weg ein, der bergan und anschließend zum See Stołun (Schönfelder See) verläuft. An dessen Rand nehmen wir den Pfad nach rechts.

Links taucht ein weiteres Gewässer auf, der See Czarne (Schwarzer See). Hier wird auch gezeltet oder in Bungalows campiert. Bald folgt sumpfiges Gelände und rechts erneut ein See, der Białe (Weißer See). Vor ihm biegen wir nach rechts ab und bleiben in der Nähe des zugewucherten Südufers auf abwechslungreichem Terrain.

Wenn sich der Wald lichtet, ist am Rand eines Privatgrundstückes eine Straße aus Betonplatten erreicht. An ihr wandern wir ein Stückchen nach links entlang. Dann kommt rechts wieder ein Gewässer in Sicht, der See Szarcz (Scharziger See). Ein Feldweg führt zur bewaldeten Ufernähe und an ihr, nun zwischen Bäumen, weiter. Links bleibt das Dorf Szarcz (Scharzig) abseits von uns. Auf dem Pfad gelangt man an die Straße und an eine Badestelle heran.

Kurz vor der Bahnüberführung einer stillgelegten Strecke befindet sich rechts der Eingang zum Campingplatz mit Bungalows, großem Strand und Einkaufs-

Der Bobelwitzer See/ Der Soldener See

Vor den Toren der Stadt liegt im Osten, 4 Kilometer entfernt, der schöne Bobelwitzer See, ein beliebtes Ziel der Meseritzer für eine Nachmittagswanderung. Man kann den See umwandern, doch ist das nicht bewaldete Ostufer verwachsen und daher mühsam zu begehen. Der Bobelwitzer See ist etwas über eineinhalb Kilometer lang und über 30 Hektar groß. Nord- und Südende sind 5 bis 8 Meter tief, der mittlere Teil hat 10 bis 13 Meter. Die größte Tiefe beträgt 14 Meter etwa in der Mitte des nach Westen ausgeweiteten Beckens. Im Süden beträgt die Breite 200 Meter, im Norden fast doppelt so viel.

… Weiter nördlich liegt der Solbener oder Kulkauer See, dessen Südzipfel mit der Obra in Verbindung steht. Er hat Nord-Süd-Richtung und ist etwas länger als der Bobelwitzer. An einer Stelle, Schmaling genannt, verengt er sich auf etwa 100 Meter. Er ist nicht so reizvoll wie der Bobelwitzer, immerhin wandert es sich schön am Westufer. Hier vorzeitliche Grabstätten, die schon reichliche Funde ergaben. Frase rühmt in seinem Wanderbuch für die Grenzmark Posen-Westpreußen die unzähligen rosa Blütchen des Tausendgüldenkrautes am Ostufer im Monat Juli. Dieses zierliche Heilkraut ist bei uns nicht eben häufig.

Die Seenrinne setzt sich nach Norden im Glamboczeksee bei Kalzig fort, an dem sich nördlich das Achtruthen-Luch anschließt. Diese Rinne endigt am Liebucher und Rokittener See, die beide Ost-West-Richtung haben.

Man benutzt nach Solben (5 Kilometer) den schon bei ›Obraweg-Obrawalde‹ erwähnten schwarzen Weg, nämlich die Landstraße nach Solben, die am Gute Obrawalde dicht hinter der Stadt beginnt. Oder man geht die Betscher Kunststraße, biegt hinter Obrawalde am Walde links ein und kommt dann auch auf die Solbener Straße. Südlich des Dorfes bietet Höhe 70 einen weiten Blick. Zurück kann man den Weg über Gumpertshof nehmen, der hinter dem Dorfe nach Überschreiten der Obra links abzweigt.

Am Wege nach Kalzig und in der Nähe des Friedhofs findet man sehr alte Wacholdergruppen, die unter Naturschutz stehen.

R. Ehrhardt, Der Bobelwitzer See/ der Soldener See, aus: Wanderungen um Meseritz, Frankfurt (Oder) 1936

Bienenmuseum Pszczew

möglichkeiten. Wir sind hier am Ortsrand von Pszczew (Betsche). Zum Stadtzentrum bleibt man geradeaus und an einer Einmündung nach rechts. Hat man noch etwas Zeit, ist die Besichtigung des Regionalmuseums im ältesten Haus, des Imker-Freilichtmuseums und der Kirche St. Maria Magdalena lohnenswert. Sie ist im Stil der Spätrenaissance erbaut, ihr Inneres beeindruckt durch die Deckenbemalung und ein Barockgemälde von 1630, das die Himmelfahrt Marias zeigt. Auch ein Spaziergang auf dem Promenadenweg am See Miejskie (Stadtsee) parallel zur Durchfahrtsstraße ist empfehlenswert. Wir befinden uns in einem hübschen idyllischen Städtchen.

ℹ Anreise: mit dem Zug von Gorzów Wlkp. (Landsberg/ Warthe), bis dort mit dem Zug von Kostrzyn (Küstrin) bzw. Berlin oder mit dem Zug aus Zbąszynek (Neu Bentschen), bis dort mit dem Zug aus Frankfurt (Oder) bzw. Berlin.
Abreise: mit dem Autobus nach Międzyrzecz (Meseritz), von dort mit dem Zug nach Gorzów Wlkp. oder nach Zbąszynek, jeweils mit Anschlüssen über Kostrzyn bzw. Frankfurt (Oder) nach Berlin.
Übernachtung: in Międzyrzecz Hotel ›Przydrożny‹, Straße Waszkiewicza 59, Hotel ›Jumar‹, Straße Waszkiewicza 2; in Pszczew Erholungszentrum am See Szarcz, Erholungszentrum mit Reiterhof ›Karina‹, Motel ›Przystań‹, mehrere Campingplätze an den Seen der Umgebung.
Gaststätten: in Międzyrzecz und in Pszczew.
Geschäfte: außerdem in den Dörfern unterwegs.
Radwanderer können diese Tour mit den Touren 21, 22 oder 30 zu einer Tagesfahrt kombinieren oder am gleichen Tag die etwa fünfzehn Kilometer auf der Chaussee direkt nach Międzyrzecz zurückfahren. Abstecher lohnen sich nach Bobowicko mit hübschen See und Bad sowie zum See Lubikowskie (Liebucher See) mit großem Campingplatz und herrlichem Strandbad.

Landschaftsparadies entlang der Obra

*Tour 30: von Pszczew (Betsche) nach Zbąszynek (Neu Bentschen). Etwa
32 Kilometer.*

Der bei Skwierzyna (Schwerin) in die Warta (Warthe) mündende Fluß Obra hat im
Deutschen wie im Polnischen die gleiche Bezeichnung. Das ist bei geographischen Namen selten. Die Ableitung könnte von mehreren polnischen Begriffen
herrühren: von obracać – sich wenden, verwandeln für die vielfältigen Windungen des Flusses, von obrastać – bewachsen für die zahlreichen wasserbedecken-
den Pflanzen an den sich verbreiternden flachen Passagen oder von obreb – Gren-
zen für die Lage an Demarkationslinien zwischen den Staaten und Völkern, aber
auch vielleicht für die Lage als Wasserscheide, denn die streckenweise kanalisierte sogenannte Faule Obra fließt nach Süden in die Odra (Oder).

Unsere gesamte Route verläuft durch einen Landschaftspark und durch ein
Landschaftsschutzgebiet. Ausschlaggebend für die Gründung des Parkes 1986
war der hohe Anteil an Gewässern, die allein 11,8 Prozent der Gesamtfläche ein-
nehmen, an Wäldern, und die fehlende Belastung durch Industrien und die geringe Bevölkerungsdichte.

Das Terrain im Wechsel von Moränen- und Sanderlandschaft, von Seen,
Fließen und Mooren ist äußerst vielgestaltig. Hier blieben zahlreiche wertvolle
Naturobjekte wie Kolonien von Fischreihern und Kormoranen, Seeadler, alte
Bäume oder seltene bodenbedeckende Pflanzen erhalten und müssen geschützt
werden.

Diese urwüchsige, mannigfaltige und stille Landschaft bietet Fuß- und Radwanderern viele schöne und bleibende Eindrücke. Da direkt am Zielort der recht
langen Strecke keine Unterkunft vorhanden ist, kann die Wanderung in umge-
kehrter Richtung von Vorteil sein.

Es empfiehlt sich, nach einer Übernachtung in Pszczew (Betsche) frühzeitig
aufbrechen. Auf der Straße in Richtung Silna (Schilln) biegen wir hinter dem
Grundstück des Imkermuseums nach rechts ein. Dann geht es nach links auf
einer Allee in die offene Landschaft. Links befinden sich waldige Anhöhen mit
dem 104 Meter hohen Berg Wysoka (Hoher Berg). Bald ist der mehr als vier
Kilometer lange See Chłop (Kloppsee) in Sicht. Ein schöner Weg führt an Anglersitzen vorbei. An einer Gabelung bleiben wir rechts in Seenähe, wo sich eine
Badestelle befindet. Eine eingezäunte Bungalowsiedlung muß umrundet werden.
Entlang an jungen Birken sowie Grundstücken gelangt man wieder in Seenähe.
Links an einem kleinen Gewässer befindet sich noch ein Campingplatz. Zwischenzeitlich durchmessen wir nun schmale Pfade und haben auch Hügel zu
überwinden.

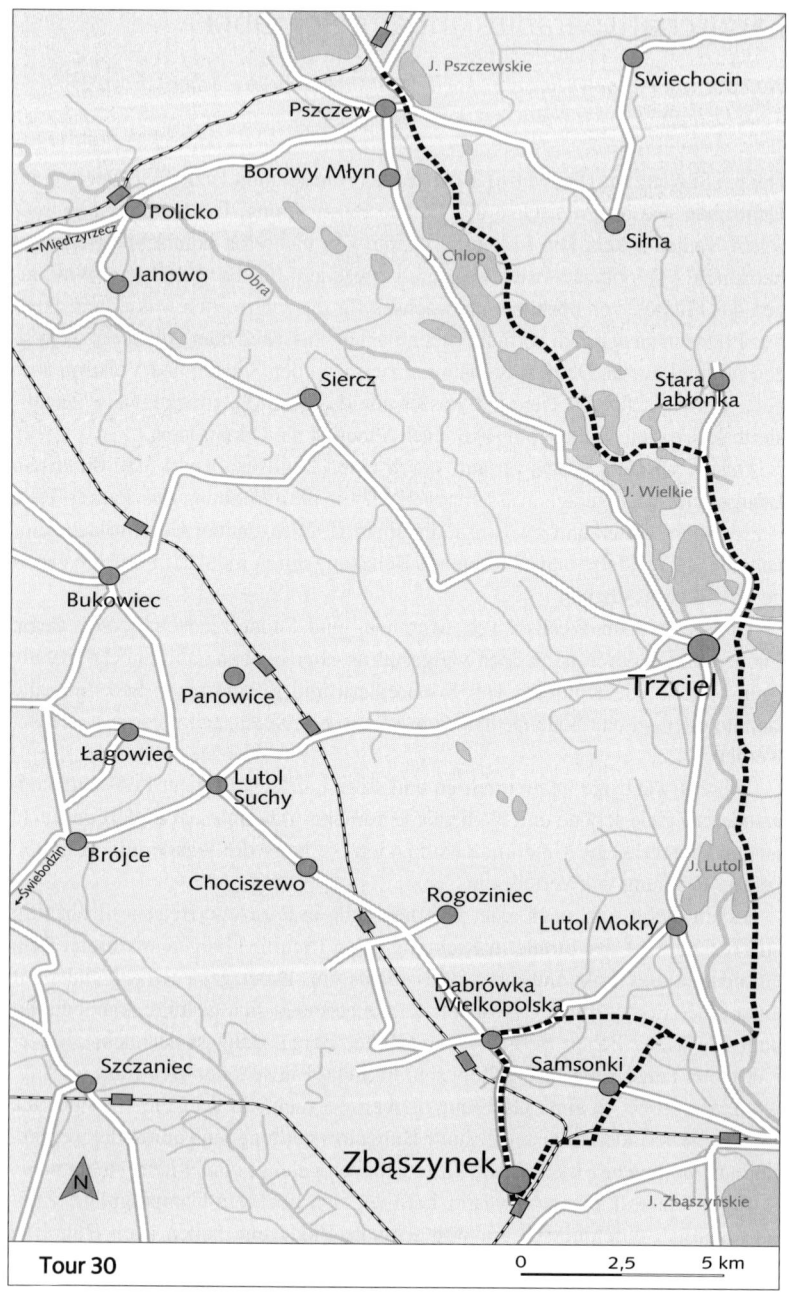

Tour 30

0   2,5   5 km

Kirche in Chlastawa

Wenn sich die Wegemarkierung teilt, muß man sich entscheiden. Nach links haben wir eine normale Trasse vor uns, nach rechts wird es nicht nur idyllischer, sondern sogar abenteuerlich. Hier gelangen wir an Seehängen durch wegeloses Gelände und gar an ein Fließ, das es, da kein Steg vorhanden ist, zu durchwaten gilt. Also ist diese Variante vor allem Radwanderern abzuraten, und Fußgänger sollten sich auch immer an das Wegzeichen halten.

Der linke Fahrweg führt bis Stara Jabłońka (Alt Jablonke) heran und dann nach rechts. Am See Wielkie (Großer See) und am See Konin (Konninsee), beide mit Badegelegenheit, sind die Wege wieder vereint.

Hier stoßen wir auf ein holzverarbeitendes Werk und an die Straße, die uns nach rechts zunächst am Rand des Gewässers entlang und dann durch eine liebliche Wald- und Wiesenlandschaft nach Trzciel (Tirschtiegel) führt. Am Saum der bisherigen Seen und hier am östlichen Stadtrand verlief von 1920 bis 1939 die Grenze zwischen Deutschland und Polen. Seinerzeit befand sich der Bahnhof auf polnischer Seite, und einige Grundstücke waren geteilt.

Wenn wir keinen Rundgang durch den von der Obra zweigeteilten Ort unternehmen möchten, begeben wir uns nur über die Ausfallstraße ein wenig nach links und dann nach rechts in die freie Landschaft. Neben uns sind Sumpf, Wiesen, Felder und Wald, vereinzelt auch uralte Bäume.

Auf einer Brücke wird die stillgelegte Bahnstrecke überquert. Am See Lutol (Naßlettelsee) bietet sich zur Erfrischung ein Abstecher an die Badestelle an.

Nach Tirschtiegel

Die großen Betscher Seen gehören alle der langen Seereihe an, die mit dem Bentschener See beginnt und zum Teil von der Obra durchflossen wird. Jetzt verläßt diese den Rybojadler See. Ihr Lauf ging, so nimmt man an, in alten Zeiten durch die Betscher Seengruppe, die Staluner Gruppe, den Liebucher und Großen Rokittner See.

Die schönste Wanderung von Betsche aus ist der Weg längs der Seenkette bis nach Tirschtiegel (15 Kilometer). Man kann nur an der Westseite wandern, am Ostufer der Seen verläuft die Reichsgrenze. Die Landstraße nach Süden steigt allmählich an. Wir kommen zum langgestreckten Chlopsee, eigentlich Kloppsee. Der Weg führt über die Schweineberge (82 Meter) mit herrlichem Rundblick auf die Stadt und ihre Landschaft. Man versäume nicht, da, wo der Weg dem See nahe ist, an diesen heranzutreten und genieße besonders den Blick von der nördlich des Forsthauses Chlopsee gelegenen Höhe 80.

Nach Norden über den See grüßt Betsche. Dicht vor uns, auf polnischer Seite, haben wir den weit in den See hineinspringenden 85 Meter hohen Hirschkopf. Weit nach Osten hinein schweift unser Blick über altes deutsches Siedlungsgelände, sogenannte Hauländereien, und nach Westen über weite Wälder hinweg zum Bauchwitz-Dürrletteler Höhenzug, der bis 134 Meter ansteigt. Ja, ganz fern erblickt man bei klarem Wetter im Westen die Linie der zum Sternberger Hochland gehörenden Buchwaldhöhen.

Zwischen dem Südende des Chlopsees und dem Stubinsee der Große Kesselberg. Nördlich vom Stubinsee ein Teich, ›der Kessel‹. Wir kommen zur Heidemühle, die anmutig zwischen Chlopsee und Wendromierzsee liegt. Der Weg wendet sich von den Seen ab und überschreitet die Obra auf der General-Hoffmann-Brücke. Von der Mitte des Sees blicken wir hinüber zu dem wundervoll in die Landschaft gebetteten urgeschichtlichen Burgwall Schanzenberg. Von der anderen Seite decken ihn der Pfarrsee und der Tiefe See. Leider ist dieser köstliche Platz nicht zugänglich, da er hinter der Grenze liegt. Im See die Nachtigallinsel, Naturschutzgebiet. Der Weg nähert sich dem Großen See und mündet schließlich am Schloß in Tirschtiegel.

R. Eberhardt, Nach Tirschtiegel, aus: Wanderungen um Meseritz, Frankfurt (Oder) 1936

Dann folgen vereinzelte Gehöfte, die zum Dorf Przychodsko (Deutschhöhe) gehören. Wir kommen in den Ort Strzyżewo (Strese), der nach rechts durchquert wird. Nun gelangen wir wieder über die Obra und genießen das wundervolle Panorama der Tallandschaft. Der hier breite Fluß durchquert fruchtbare Wiesen, die von Baum- und Strauchgruppen durchsetzt sind.

Wenn die Zeit knapp oder eine Übernachtung vorgesehen ist, kann vor der Brücke der Weg etwa dreieinhalb Kilometer direkt nach Zbąszyn (Bentschen) genommen werden. Ansonsten sind es bis zum Ziel noch rund acht Kilometer.

Bis zu einer Kreuzung bleiben wir auf der Straße. Dann geht es auf Wald- und Feldwegen geradeaus und den nächsten Weg links durch das kleine Anwesen Samsonki (Limbach). Von dort nach links befinden wir uns wieder auf fester Straße, überqueren eine Chaussee und wandern auf Zbąszynek (Neu Bentschen) zu.

Man muß noch nach rechts durch eine Bahnbrücke und dann links immer neben dem Bahnkörper bleiben, bis der Bahnhof erreicht ist. Dieser wie der gesamte Ort wurde erst nach dem Ersten Weltkrieg angelegt, als auf deutscher Seite eine Grenzstation benötigt wurde.

 Anreise: mit dem Autobus von Międzyrzecz (Meseritz), bis dort mit dem Zug von Gorzów (Landsberg) oder Zbąszynek mit Anschlüssen von Kostrzyn (Küstrin) bzw. von Frankfurt (Oder).
Abreise: mit dem Zug nach Frankfurt (Oder) bzw. Berlin oder mit dem Zug nach Gorzów, von dort mit dem Zug nach Kostrzyn bzw. Berlin.
Übernachtung: in Pszczew Erholungszentrum am See Szarcz, Erholungszentrum mit Reiterhof ›Karina‹, Motel ›Przystań‹, mehrere Campingplätze an den Seen der Umgebung; in Zbąszyn Campingplatz mit Bungalows und Hotel am See; bei Teilung der Tour auf zwei Tage: Pension in Trzciel, Campingplätze an mehreren Seen unterwegs.
Gaststätten: in Pszczew, Trzciel und in Zbąszynek.
Geschäfte: außerdem in Strzyżewo.
Radwanderer können diese Tour mit der Tour 29 zu einer Tagesfahrt kombinieren. Abstecher sind lohnenswert in die Städte Trzciel und Zbąszyn sowie in die bei Zbąszynek gelegenen Dörfer Dabrowka Wielie (Groß Dammer) mit sehenswertem Schloß und Chlastawa (Klastawa) sowie Kosieczyn (Kuschten) mit eindrucksvollen Kirchen.

Markierte Wanderwege im Überblick

Die Zusammenfassung der markierten Wanderwege im Sternberger Land mit Umgebung ist folgenden polnischen Druckerzeugnissen entnommen worden:

Touristische Landkarte der Region Gorzów, Maßstab 1 : 250 000, 1997 (Legende und Text auch in deutscher Sprache).

Touristische Landkarte der Region Zielona Góra, Maßstab 1 : 250 000, 1996 (Legende und Text auch in deutscher Sprache).

Touristenkarte Okolice Zielonej Góry, Maßstab 1 : 100 000, 1997 (Legende und Text auch in deutscher Sprache).

Touristenkarte Okolice Gorzowa Wlkp., Maßstab 1 : 100 000, 1997 (Legende und Text auch in deutscher Sprache).

Touristenkarte Lagower Seengebiet und Sternberger Ebene, Maßstab 1 : 50 000, 1997 (Legende auch in deutscher Sprache).

Touristische Landkarte Mit dem Fahrrad und zu Fuß um die Lebuser Seenplatte (Von der Oder bis zur Obra), Maßstab 1 : 100 000 (Legende und Text auch in deutscher Sprache).

Verwaltungs- und Touristenkarte ›Wojewodschaft Lebuser Land‹, Maßstab 1 : 200 000, 1999.

Wanderführer: Markierte Touristenwege in der Wojewodschaft Gorzów von Bogdan Kucharski, 1996 (in deutscher Sprache und mit einer schematischen Karte).

Die Routen sind mit farblich unterschiedlichen Querstrichen auf hellem Untergrund gekennzeichnet. Am Startpunkt und am Ziel findet man gewöhnlich einen weißen Kreis mit Innenpunkt der entsprechenden Farbe vor. Richtungsänderungen werden oft durch Pfeile markiert.

Europäischer Fernwanderweg E 11 (Amsterdam – Riga)
Słubice (Frankfurt-Dammvorstadt) – Osno Lubuskie (Drossen) – Lubniewice (Königswalde) – Bledzew (Blesen) – Gościkowo (Paradies) – Bobowicko (Bobelwitz) – Stołun (Schönfelde) – Abzweig nach Międzychod (Birnbaum) – Pszczew (Betsche). Insgesamt etwa 140 Kilometer.

Rzepin (Reppen) – Sądow (Sandow) – Czetowice (Zettitz) – Krosno Odrzańskie (Crossen). Etwa 60 Kilometer.

Lubniewice (Königswalde) – rund um den See Lubiąż (Lübbensee) und den See Krzywe (Krummer See) – Lubniewice (Königswalde). Etwa 12 Kilometer.

Lubniewice (Königswalde) – rund um den See Krajnik (Krainichsee) – Lubniewice (Königswalde). Etwa 6 Kilometer.

Lubniewice (Königswalde) – Naturschutzgebiet an der Lubniewska (Hammerfließ) – See Janie (Jahnsee) – Lubniewice (Königswalde). Etwa 13 Kilometer.

Lubniewice (Königswalde) – rund um den See Lubniewska (Ankensee) – Lubniewice (Königswalde). Etwa 15 Kilometer.

Sulęcin (Zielenzig) – Taubenstein – Rotes Fließ – Zubrow (Herzogswalde) – Tal der Postomia (Postum) – Sulęcin (Zielenzig). Etwa 30 Kilometer.

Sulęcin (Zielenzig) – Ostrów (Ostrow) – See Ostrowskie (Ostrower See) – Sulęcin (Zielenzig). Etwa 15 Kilometer.

Bledzew (Blesen) – Skwierzyna (Schwerin/Warthe) – Stare Polichno (Pollychen) – Santok (Zantoch). Etwa 38 Kilometer.

Pszczew (Betsche) – Gorzycko Nowe (Neu Görzig) – Międzychód (Birnbaum). Etwa 30 Kilometer.

Pszczew (Betsche) – Trzciel (Tirschtiegel) – Strzyżewo (Strese) – Zbąszyn (Bentschen). Etwa 30 Kilometer.

Strzyżewo (Strese) – Dąbrowka Wlkp. (Groß Dammer) – Chlastawa (Klastawe) – Kosieczyn (Kuschten) – Nowe Wieś Zbaska (Neudorf) – Zbąszyn (Bentschen). Etwa 28 Kilometer.

Torzym (Sternberg) – Bahnhof Pliszka (Pleiskehammer) – See Wielickie (Großer See) – Gadków Wlkp. (Groß Gandern). Etwa 25 Kilometer.

Krosno Odrzańskie (Crossen) – Bielów (Bielow) – Struga (Straube) – Bahnhof Bytnica (Beutnitz) – Głebokie (Glembach) – Szklarka Radnicka (Rädnitzer Hüttenwerke). Etwa 26 Kilometer.

Szklarka Radnicka (Rädnitzer Hüttenwerke) – Grabin (Krämersborn) – Gryżyna (Griesel) – Niesulice (Blankensee) – Ołobok (Mühlbock). Etwa 28 Kilometer.

Nietkowice (Straßburg) – Cibórz (Tiborlager) – Ołobok (Mühlbock) – Mostki (Möstchen). Etwa 30 Kilometer.

Łagów (Lagow) – Zelechów (Selchow) – Bucze (Wutschdorf) – Mostki (Möstchen) – Przełazy (Seeläsgen) – um den See Niesłysz (Nischlitz) – Świebodzin (Schwiebus). Etwa 35 Kilometer.

Łagów (Lagow) – Pożrzadło (Spiegelberg) – Bahnhof Drzewce (Leichholz) – Torzym (Sternberg). Etwa 25 Kilometer.

Łagów (Lagow) – Sieniawa (Schönow) – Boryszyn (Burschen) – Nowe Dwore (Neuhöfchen) – Gościkowo (Paradies). Etwa 20 Kilometer.

Internationale touristische Fahrradroute R 1
Kostrzyn (Küstrin) – Ośno Lubuskie (Drossen) – Sulęcin (Zielenzig) – Lubniewice (Königswalde) – Międzyrzecz (Meseritz) – Pszczew (Betsche). Etwa 120 Kilometer.

Fahrradroute ›Piastenweg‹
Słubice (Frankfurt-Dammvorstadt) – Starków (Storkow) – Ośno Lubuskie (Drossen) – Sulęcin (Zielenzig) – Trzemeszno Lubuskie (Schermeisel) – Gościkowo (Paradies) – Trzciel (Tirschtiegel). Etwa 130 Kilometer.

Vor allem um die Orte Lubniewice (Königswalde), Łagów (Lagow), Pszczew (Betsche) und Sulęcin (Zielenzig) herum sind weitere regionale Wege für Fuß-und Radwanderer ausgeschildert.

Geführte Fuß- und Radwanderungen

Vor allem von den grenznahen Gebieten im Land Brandenburg und von Berlin aus werden regelmäßig Gruppenexkursionen in das Sternberger Land und seine Umgebung unternommen.

Interessenten wenden sich bitte an die örtlichen Veranstalter oder beschaffen sich die jährlich erscheinenden Übersichten ›Berlin-Brandenburger Wanderplan‹ bei: Wandersport-Verband Berlin e.V., PF 345, 10125 Berlin (gegen 5,50 Mark per Verrechnungsscheck oder in Briefmarken).

›Radtourenprogramm Berlin und Brandenburg‹ bei: Allgemeiner Deutscher Fahrradclub Berlin e.V., Brunnenstraße 28, 10119 Berlin, Tel. 0 30/4 48 47 24.

Folgende Organisationen und Wanderleiter verfügen bereits über Erfahrungen bei Fuß- und Radwanderungen in das Sternberger Land:

Touristenverein ›Die Naturfreunde‹, Eckart Böhringer, Buschiner Straße 25 b, 12683 Berlin, Tel. 0 30/54 37 89 53.
›81er Wandergesellen e.V.‹, Hans-Ulrich Voigt, Boxhagener Straße 15, 10245 Berlin, Tel. 0 30/2 91 65 43.
Werner Bock, Witebsker Straße 27, 15234 Frankfurt (Oder), Tel. 03 35/6 39 65
›Gesellschaft für gute Nachbarschaft zu Polen‹, Werner Stenzel, Galileistraße 26, 12435 Berlin, Tel. 0 30/53 33 43 03.

Nachfolgend die von 1996 bis 2000 in dieser Region durchgeführten Wanderungen des Touristenvereins ›Die Naturfreunde‹ aus Berlin als Anreiz zum Nachmachen:

07.12.1996: Von Frankfurt (Oder) nach Göritz bzw. Küstrin ›Die Städte im polnischen Oderbruch – Słubice, Górzyca und Kostrzyn‹. Etwa 38 Kilometer, Zug ab Berlin 5 Uhr 59, zurück in Berlin 20 Uhr 49.
03.01.1998: Von Reppen nach Drossen: ›Die historischen Kreisstädte des Weststernberger Landes‹. Etwa 25 Kilometer, Zug ab Berlin 5 Uhr 59, zurück in Berlin 22 Uhr 11 oder 21 Uhr 11.
16.05.1998: Von Topper über Lagow nach Sternberg: ›Oststernberger Seenplatte im Landschaftsschutzpark Lagow‹. Etwa 34 Kilometer, Zug ab Berlin 5 Uhr 59, zurück in Berlin 21 Uhr 38.
04.07.1998: Von Reppen nach Ziebingen:›An Eilang und Pleiske‹. Etwa 24 Kilometer, Zub ab Berlin 5 Uhr 59 oder 7 Uhr 11, zurück in Berlin 20 Uhr 11 (sonst stündlich).
30.10.1998: Zum Kloster Paradies: ›Nördliche Umgebung von Schwiebus‹. Etwa 37 Kilometer, kürzere Variante etwa 22 Kilometer. Zug ab Berlin 5 Uhr 59, zurück in Berlin um 21 Uhr 38.
30.01.1999: Von Zantoch nach Schwerin an der Warthe: ›Winterlandschaft an Netze und Warthe‹. Etwa 23 Kilometer, Zug ab Berlin 6 Uhr 56, Zurück in Berlin 20 Uhr 49.
19.06.1999: Von Bentschen nach Tirschtiegel: ›Frühsommer an den Obra- Seen‹. Etwa 28 Kilometer, kürzere Variante etwa 17 Kilometer, Zug ab Berlin 5 Uhr 59, zurück in Berlin 21 Uhr 38.

30.10.1999: Von Meseritz nach Betsche: ›Die Seenplatte im Landschaftsschutzpark Pszczew im Spätherbst‹. Etwa 25 Kilometer. Zug ab Berlin 5 Uhr 59,
zurück in Berlin 20 Uhr 11.

08.01.2000: Von Königswalde nach Zielenzig: ›Jahresauftakt im Norden des
Sternberger Landes‹. Etwa 20 Kilometer, Zug ab Berlin 6 Uhr 56, zurück in
Berlin 20 Uhr 11.

Fahrplanänderungen sind zu beachten!

Adressen

Nachfolgend die Anschriften von Institutionen, die sich um die Förderung des
Tourismus im Sternberger Land mit Umgebung und um Kontakte nach dorthin
bemühen:

Polnisches Fremdenverkehrsamt, Marburger Straße 1, 10789 Berlin

Wojewodschaftsamt Abteilung für Kultur, Sport und Touristik, ul. Podgórna 7,
PL 65-057 Zielona Gora (Grünberg).

Landsmannschaft Berlin-Mark Brandenburg, Parkallee 14, 15517 Fürstenwalde,
Tel. 0 33 61/31 09 52; Bibliothek, Archiv, Foto- und Dia-Sammlung, Aus-
stellung.

Gesellschaft für gute Nachbarschaft zu Polen, Krossener Straße 2, 10245 Berlin.
Radtouren, Busfahrten, Treffen.

Hellmut von Gerlach-Gesellschaft, Postfach 61 02 20, 10923 Berlin.

Deutsch-Polnische Gesellschaft Berlin, Osdorfer Straße 121, 12207 Berlin.

Heimatkreis Crossen, Karl Raschke, Pablo-Neruda-Block 2, 15230 Frankfurt (Oder).

Heimatkreis Meseritz, Brunfriede Fischer von Mollard, Metzer Str. 19,
28211 Bremen.

Heimatkreis Oststernberg, Rudi Prestel, Hebbelstr. 3, 50354 Hürth.

Heimatkreis Schwerin/Warthe, Heinz Ewert, Immenweg 18, 29525 Uelzen.

Heimatkreis Weststernberg, Rudolf Gentsch, Eggenweg 19, 42655 Solingen.

Heimatkreis Züllichau/Schwiebus, Ruth Schulz, Postfach 50 01 50, 60391 Frankfurt (Main).

Die Heimatkreise geben Zeitungen und Bücher heraus, veranstalten Treffen sowie
Reisen in ihre Heimat und pflegen vielfältige Kontakte zu polnischen Bewohnern
und Behörden.

Literaturhinweise

Emil Albrecht, Wanderbuch für die Mark Brandenburg und angrenzende Gebiete, 3. Teil (Östliche Hälfte), Verlag Alexius Kießling, Berlin 1907.

Fritz R. Barran, Städteatlas Ostbrandenburg, Verlag Gerhard Rautenberg, Leer 1900.

Beiträge zur Heimatkunde der Neumark, Heft Nr. 4/5, Gau-Lehrer-Verband Landsberg a.W. 1914.

Paul Biens, Heimatklänge – Sagen und Bilder aus der Geschichte der Neumark, Verlag Paul Wagner, Lippehne 1909 (Neuausgabe Verlag Bock & Kübler, Berlin/Fürstenwalde/Woltersdorf 1995).

Hans Fallada, Wolf unter Wölfen, 1937 (Neuauflage im Aufbau Taschenbuchverlag lieferbar).

Paula Foerster, Der märkische Wanderkamerad. Band 6: Neumark-Niederlausitz, Hugo Bermühler Verlag, Berlin 1934.

Theodor Fontane, Vor dem Sturm, Verlag Wilhelm Hertz: Berlin 1878 (Neuauflage in verschiedenen Verlagen lieferbar).

Theodor Fontane, Wanderungen durch die Mark Brandenburg, 2. Teil: Das Oderland Berlin, Verlag Wilhelm Hertz: Berlin 1863 (Neuauflagen im Aufbau-Verlag Berlin lieferbar).

An der Grenze Schlesiens und der Mark, Verlag Crossener Heimatgrüße Soltau 1982 (Bestellung beim Herausgeber Hanns-Ulrich Wein, August-Wöhler-Straße 4, 29614 Soltau).

Grieben Reiseführer Band 220: Ostmark (Ostbrandenburg und Grenzmark Posen-Westpreußen), Grieben-Verlag, Berlin 1932.

Gerd Heinrich, Handbuch der historischen Stätten Deutschlands. Band 10: Berlin und Brandenburg, Alfred Kröner Verlag, Stuttgart 1995.

Illustrierter Führer durch Frankfurt a.d. Oder und die weitere Umgebung, Woerl`s Reisebücherverlag, 9. Aufl. Leipzig 1908.

Friedrich Eduard Keller, Führer für Wasserwanderer ›Hip Hip Hurra‹, 1. Teil: Märkische und Mecklenburgische Gewässer, Landkarten-Verlag Jul. Straube. 5. Auflage Berlin 1925.

Klabund, Bracke. Ein Eulenspiegelroman, Erich Reiß Verlag, Berlin 1918.

Bogdan Kucharski/Piotr Maluśkiewicz, Przewodnik Ziemia Lubuska (Reiseführer in polnischer Sprache), Verlag Sport i Turystika, Warszawa 1996.

Alfred Lange, Mit Rucksack und Nagelschuh 22: Östlich der Oder, Verlag Triasdruck Berlin, 1933 (Neuausgabe, Bestellungen bei Gisela Projan, Schmielauer Straße 116, 23909 Ratzeburg).

Heinz W. Linke/Heinz Paschke, Das Sternberger Land im Wandel der Zeiten, Eigenverlag Heimatkreis Weststernberg, Iserlohn 1988 (Bestellungen bei Rudolf Gentsch, Eggenweg 19, 42655 Solingen).

Günther-Fritz Mannheim, Neumärkisches Wanderbuch, Verlag G. F. Mannheim, Berlin-Grunewald/Landsberg a. W. 1929 (Neuausgabe 1997, Bestellungen bei Günter Schülke, Wedekindstraße 29, 32257 Bünde).

Karl Benno von Mechow, Das ländliche Jahr, Verlag Albert Langen, München 1929.

Die Neumark – Mitteilungen des Vereins für Geschichte der Neumark, Eigendruck Landsberg a. W. 1942.

Rosemarie Pankow, Sagen und Geschichten aus dem Sternberger Land, Druck- und Verlagsgesellschaft, Husum 1992.

Die Provinz Brandenburg in Wort und Bild, Verlag Julius Klinkhardt, Leipzig und Berlin; Band 1, 1900; (Nachdruck Weltbild Verlag Augsburg 1998) Band 2, 1912.

Sternberger Land. Eine ostdeutsche Landschaft. Eigenverlag Heimatkreis Weststernberg, Iserlohn 1992.

Benno Thome, Schwerin (Warthe) 1793 – 1945, Märkische Verlagsgesellschaft, Kiel 1963.

Bernhard Thurn, Märkische Bilder, Verlag Hugo Spamer, Berlin 1896.

Ludwig Tieck, Die Gesellschaft auf dem Lande, 1825.

Wanderungen durch Südostbrandenburg an und jenseits der Oder-Neiße-Grenze, Jahrbücher 1996/97 und 1997/98; Eigenverlag Soltau (Bestellung beim Herausgeber Hanns-Ulrich Wein, August-Wöhler-Straße 4, 29614 Soltau).

Wanderungen um Meseritz. Bearbeitet von R. Ehrhardt, Verlag Trowitzsch & Sohn, Frankfurt (Oder) 1936.

Ernst von Wildenbruch, Kindertränen, 1884.

Touristische Publikationen der Wojewodschaftsämter und der Kommunen, Heimatzeitungen und weiteres Material der Kreisvereine können bei den Kommunen zumeist kostenlos, bei den Heimatkreisen gegen geringfügige Gebühr bezogen werden.

Verlag und Autor danken allen, die bei der Erarbeitung des Wanderbuches Unterstützung geboten haben. Besondere Dankesworte gelten Herrn Christian Assenbaum (Bibliothek der Stiftung Brandenburg Fürstenwalde) und Herrn Albert Burkhardt (Berlin) für die Bereitstellung von historischen Texten.

Hinweise und Fragen zu diesem Buch richten Sie bitte an Jörg Lüderitz, Ernst-Thälmann-Straße 66, 15537 Grünheide bei Berlin, Tel. 0 33 62 / 2 66 22.

Kleiner Sprachführer

Allgemeine Wendungen

deutsch	polnisch [Aussprache] (Betonung immer auf der vorletzten Silbe)
Guten Tag!	Dzień dobry! [Dsjen dobri]
Guten Abend!	Dobry wieczór! [Dobri wjetschur]
Auf Wiedersehen!	Do widzenia! [Do widsenia]
Danke (sehr)!	Dziękuję bardzo! [Dschenkuje bardso!]
Bitte (sehr)!	Proszę bardzo! [Prosche bardso!]
Ja	tak [tak]
Nein	nie [nje]
Sprechen Sie deutsch/englisch?	Czy pan(i) mówi po niemecku/angielsku? [Tschi pan(i) muwi po nemjezku/angjelsku?]
Ich verstehe nicht.	Nie rozumiem. [Nje rosumjem.]
Haben Sie ...?	Czy ma pan(i)...? [Tschi ma pan(i)...?]
Wo befindet sich ...?	Gdzie najduje się ...? [Gdsje najduje sje ...?]

Öffentliche Verkehrsmittel

Bahnhof	stacja, dworzec [stazja, dwoschez]
Abfahrt	odjazd [odjasd]
Ankunft	przyjazd [pschijasd]
Wann fährt der Zug nach ...?	Kiedy odchodzi pociąg do ...? [Kjedi odchodsi pozjag do ...?]
Von welchem Bahnsteig?	Z którego peronu? [S kturego peronu?]

Ortsangaben und öffentliche Einrichtungen

Post	poczta [potschta]
Geschäft, Laden	sklep [sklep]
Bank (Geldinstitut)	bank [bank]
Botschaft	ambasada [ambasada]
Krankenhaus	szpital [schpital]
Apotheke	apteka [apteka]

Arzt	lekarz [lekasch]
Toilette	toaleta [toaleta]
rechts	na prawo [na prawo]
links	na lewo [na lewo]
geradeaus	prosto [prosto]
Eingang	wejście [wejschzje]
Ausgang	wyjście [wijschzje]

Im Geschäft, Laden

Was kostet das?	Ile to kosztuje? [Ile to koschtuje?]
Geben Sie mir bitte …!	Proszę mi dać …! [Prosche mi datsch …!]
Milch	mleko [mleko]
Zeitung	gazeta [gaseta]
Brot	chleb [chleb]
Kartoffeln	kartofle [kartofle]
Fisch	ryba [riba]
Fleisch	mięso [mjeso]
Hähnchen	kurczę [kurtsche]
Käse	ser [ser]
Wurst	kiełbasa [kjeubasa]

Im Restaurant oder Café

Die Speisekarte bitte!	Proszę o jadłospis [Prosche o jaduospis!]
Ich möchte zahlen.	Chciał(a)bym zapłacić. [Chziau(a)bim sapuazitsch.]
Vorspeisen	zakąski [sakaski]
Nachspeise	desery [deseri]
Saft	sok [sok]
Mineralwasser	woda mineralna [woda mineralna]
Weiß-/Rotwein	wino białe/czerwone [wino biaue/ tscherwone]
Bier	piwo [piwo]
Tee	herbata [herbata]
Kaffee	kawa [kawa]

Telefonieren

Wer spricht?	Kto mówi? [Kto muwi?]
Falsch verbunden!	Pomyłka! [Pomiuka!]

Ich möchte bitte … sprechen.	Czy mogę mówić z … [Tschi moge muwitsch s …]
Vorwahl	numer kierunkowy [numer kjerunkowi]

Zahlen

null	zero [sero]
eins	jeden/jedna/jedno [jeden/jedna/jedno]
zwei	dwa/dwie [dwa/dwje]
drei	trzy [tschi]
vier	cztery [tschteri]
fünf	pięć [pjentsch]
sechs	sześć [scheschtsch]
sieben	siedem [sjedem]
acht	osiem [osjem]
neun	dziewięć [dsjewjentsch]
zehn	dziesięć [dsjesjentsch]
zwanzig	dwadzieścia [dwadsjeschzja]
fünfzig	pięćdziesiąt [pjentschdsjesjant]
hundert	sto [sto]
tausend	tysiąc [tisjanz]

Zeitangaben

Wie spät ist es?	Która godzina? [Ktura godschina?]
Um wieviel Uhr?	O której godzinie? [O kturej godschin-je?]
heute	dziś [dsisch]
gestern	wczoraj [wtschoraj]
morgen	jutro [jutro]
morgens	rano [rano]
abends	wieczorem [wjetschorem]
Jahr	rok [rok]
Montag	poniedziałek [ponjedsjauek]
Dienstag	wtorek [wtorek]
Mittwoch	środa [schroda]
Donnerstag	czwartek [tschwartek]
Freitag	piątek [pjantek]
Sonnabend	sobota [sobota]
Sonntag	niedziela [njedsjela]

Reisetips von A bis Z

Angeln

Dort wo in Polen die Flüsse und Seen noch sauber sind, bergen sie großen Fischreichtum. Hinweise zu den Angelmöglichkeiten erteilen die örtlichen Touristenbüros, wo man auch Angelgenehmigungen erhalten kann. Wer seiner Ausrüstung in Polen noch etwas hinzufügen möchte, kann sich in einem der vielen polnischen Anglergeschäften zu konkurrenzlos niedrigen Preisen eindecken.

Auto- und Motorradfahren

Der Verkehr ist in Polen in den vergangenen Jahren stark angestiegen, aber auf den Nebenstrecken im Sternberger Land ist er immer noch gering. Die Straßenverhältnisse sind im wesentlichen gut, doch fehlen überwiegend Straßenrandbegrenzungen, was besonders das Fahren bei Nacht erschwert. Auch Fußgänger, die häufig sogar außerhalb der Ortschaft auf der Fahrbahn unterwegs sind, machen eine erhöhte Aufmerksamkeit notwendig. Innerhalb wie außerhalb der Ortschaften besteht Gurtpflicht. Die Verkehrsregeln entsprechen den deutschen, jedoch gilt bei dem in Polen häufigen Kreisverkehr die Regel, daß das im Kreisverkehr befindliche Fahrzeug immer Vorfahrt hat. Im Winter gilt Beleuchtungspflicht auch am Tage. Die Geschwindigkeitsbegrenzung beträgt in geschlossenen Ortschaften 60 km/h, außerhalb 90 km/h und auf als solchen ausgewiesenen Schnellstraßen 110 km/h. Die Promillegrenze liegt bei 0,2.

Für das Fahren mit dem Motorrad gelten dieselben Hinweise wie für das Autofahren. Allerdings gilt auch auf Schnellstraßen und Autobahnen die Geschwindigkeitsbegrenzung von 90 km/h. Es besteht Helmpflicht. Für Ausländer ist die Grüne Versicherungskarte erforderlich. Wer nicht nachweisen kann, daß sein Fahrzeug versichert ist, riskiert unter Umständen ein Bußgeld von mehreren hundert Mark! Daher sollten diejenigen, die einen solchen Nachweis zu Hause vergessen haben, an der Grenzstation eine Zusatzversicherung abschließen. Es ist empfehlenswert, sein Fahrzeug nachts auf bewachten Parkplätzen abzustellen, die in der Nähe der größeren Hotels zahlreich eingerichtet wurden.

Baden

Das Gebiet östlich der Oder ist mit seinen vielen sauberen Seen ein Eldorado für ›Wasserratten‹. Idyllisch gelegene Badestellen und klares Wasser laden überall zum Baden ein. Nacktbaden ist in dem vom Katholizismus geprägten Land nicht üblich.

Bahn

Die Bahnfarten von Deutschland nach Polen sind verhältnismäßig preisgünstig. Zudem erhalten Inhaber eines Studentenausweises Ermäßigungen, selbstverständlich gilt der Interrailpaß für Reisende unter

26 Jahren auch in Polen. Trotz einer Vervielfachung der Preise in den vergangenen Jahren sind die Fahrkarten des innerpolnischen Verkehrs immer noch relativ billig. Im Zugverkehr werden normalerweise Fahrräder transportiert. Man sollte sich aber rechtzeitig vor der Abreise erkundigen. Fahrplanauskünfte kann man unter folgender Adresse einholen: Polnische Staatsbahnen-Vertretung, Karl-Liebknecht-Str. 7, Aufgang F, Wohnung 0412, 10178 Berlin, Tel./Fax: 0 30 / 2 42 34 53.

Behörden

Die Öffnungszeiten der Behörden sind unterschiedlich, meist sind die Büros nur vormittags geöffnet. Amtliche Gebäude sind am Wappenschild mit dem polnischen Adler zu erkennen.

Busse

Fast alle Buslinien beginnen an den Bahnhöfen. Dort erhält man Auskünfte und meistens Fahrkarten. Obwohl die Preise explodiert sind, ist eine Busfahrt noch vergleichsweise billig. Linienbusse nehmen in Ausnahmefällen Räder mit, sofern die Busse nicht überfüllt sind und noch genügend Platz ist.

Camping

Schon in den fünfziger Jahren wurden überall zumeist an malerischen Seeufern sogenannte Biwakplätze angelegt, auf denen der Naturfreund sein Zelt aufschlagen kann. Diese preiswerte Art der Erholung hat nicht nur die Jahre überdauert, sondern ist auch noch heute sehr gefragt. Die unbewachten Biwakplätze sind aber nicht mit dem Komfort ausgestattet, den der Camper von zu Hause gewohnt ist. Das „wilde" Campen ist offiziell verboten, meist wird aber ein Auge zugedrückt. Bevor der Besucher auf Privatgelände sein Zelt aufschlägt, sollte er jedoch auf alle Fälle den Besitzer um Duldung bitten.

Diplomatische Vertretungen

Die Botschaft der Bundesrepublik Deutschland ist in 03-932 Warszawa unter der Adresse ul. Dąbrowiecka 30, Tel. 0 22 / 6 17 30 11, zu erreichen. Das für Besucher der Region näher gelegene deutsche Generalkonsulat befindet sich in 71– 693 Szczecin, ul. Królowej Korony Ploskiej 31, Tel. 0 91 / 22 52 12.

Einreisebestimmungen

Für einen Aufenthalt bis zu drei Monaten ist ein mindestens noch 6 Monate gültiger Reisepaß erforderlich, der Personalausweis genügt nicht. Nur Anwohner grenznaher Gebiete können im Rahmen des ›kleinen Grenzverkehres‹ mit dem Personalausweis passieren. Haustiere können mit auf die Reise, wenn man beim Zoll eine Bescheinigung des Tierarztes über die Gesundheit des Tieres vorlegt.

Elektrizität

Die Netzspannung beträgt 220 Volt. Die Steckdosen entsprechen der Euro-Norm.

Feiertage

Die gesetzlichen Feiertage sind vom katholischen Glauben bestimmt. Neben dem traditionellen 3. Mai (Tag der Verfassungsgebung von 1791) sind dies der Neujahrstag, der Ostermontag, der 1. Mai, der Fronleichnamstag, Maria Himmelfahrt (15. August), Allerheiligen (1. November) sowie die beiden Weihnachtsfeiertage. Karfreitag und Pfingstmontag gelten hingegen nicht als gesetzliche Feiertage. Der 22. Juli, der ›Tag der Wiedergeburt‹, wurde als Nationalfeiertag abgeschafft, der 11. November, der an die Wiedererstehung des polnischen Staates 1918 erinnert, dafür eingeführt.

Geld

Der Złoty gilt inzwischen als ›harte‹ Währung. Er orientiert sich am US-Dollar. Das bedeutet für den deutschen Touristen einen günstigen Tausch bei einem niedrigen Dollarkurs. Anfang 2000 bekam man etwa 2 Złoty für 1 Mark. Seit 1. Januar 1997 gelten die alten Złoty-Scheine nicht mehr. Der Wechselkurs schwankt täglich, ein Schwarzer Markt existiert dank der Freigabe des Devisenhandels und der geringen Differenz zwischen offiziellem An- und Verkaufspreis nicht mehr. Einige Schwarzhändler haben sich jedoch umgestellt: Wenn Touristen auf der Straße ein besonders günstiger Wechselkurs angeboten wird, handelt es sich fast immer um Betrugsgeschäfte. Der offizielle Umtausch bereitet keine Probleme. Neben Banken haben sich zahlreiche private Wechselstuben (›Kantor‹) auf das Geschäft eingestellt. Die Banken bieten den Vorteil, daß man bei ihnen auch mit Eurocheques polnisches Geld bekommen kann (ausgestellt bis zum Höchstbetrag von 600 Złoty). An den Hotelrezeptionen ist der Kurs in der Regel geringfügig schlechter. Der günstigste Umtausch ergibt sich beim Wechseln von DM-Noten in Polen selbst. Kreditkarten sind noch nicht sehr verbreitet, sie werden nur von den großen Hotels, den Fluggesellschaften und Autoverleihern angenommen.

Grenzübergänge

Die visafreie Einreise ist mit einem Reisepass über alle deutsch-polnischen Grenzübergänge problemlos möglich. Hier einige Grenzübergänge:
Hohenwutzen – Osinów Dolny
Kietz – Kostrzyn/Küstrin
Frankfurt/Oder (Stadt) – Słubice
Guben – Gubin

Informationsmaterial

Wird von den Wojewodschaftsämtern und den Stadtverwaltungen herausgegeben. Man kann sich auch vorab beim Polnischen Fremdenverkehrsamt, Marburger Str. 1, 10789 Berlin, Tel. 0 30 / 21 00 09 20, Fax 0 30 / 21 00 92 14, kundig machen.

Jugendherbergen

Mit einem internationalen Jugendherbergsausweis erhält der Gast 25 Prozent Ermäßigung. Die sehr

unterschiedlichen Übernachtungsge-
bühren richten sich nach dem
gebotenen Komfort. Obwohl die
Herbergen im Prinzip allen Alters-
gruppen offenstehen, werden bei der
Aufnahme Frauen und Männer bis
zu 26 Jahren bevorzugt behandelt.
Der Aufenthalt ist offiziell auf
drei Tage begrenzt. Gruppen ab sechs
Personen müssen sich mindestens
vier Wochen vorher anmelden.
Das Deutsche Jugendherbergswerk
gibt die aktuellen Verzeichnisse
heraus: Deutsches Jugendherbergswerk, Postfach 14 55, 32704 Det-
mold; Polnische Gesellschaft für
das Jugendherbergswesen, Polskie
Towarzystwo Schronisk
Mlodziezowych (PTSM),
ul. Chocimska 28, 00791 Warszawa,
Tel. und Fax: 0 22 /49 83 54.

Karten

Für Reisen und Fahrradtouren im
Sternberger Land sind die zweispra-
chigen Karten aus dem Höfer-Verlag
›Westpommern‹ und ›Ostbranden-
burg/Niederschlesien‹ im Maßstab
1 : 200 000 zu empfehlen.
Ebenfalls gut geeignet zur Orientierung östlich der Oder sind die
topographischen Karten im Maßstab
1 : 200 000 der polnischen Firma
›WZkart‹, die auch in Deutschland
erhältlich sind. Hilfreich können auch
die polnischen topographischen Karten sein. Sie sind in den Maßstäben
1 : 200 000, 1 : 100 000 uns 1 : 50 000
erhältlich. Bei der Suche nach den
früheren deutschen Orts- und Flur-

namen sind die alten deutschen Meß-
tischblätter im Maßstab 1 : 25 000
sowie die alten Kreiskarten im Maßstab 1 : 100 000 nützlich, die man
im geographischen Fachbuchhandel
oder bei den Landesvermessungs-
ämtern erhält.
In Buchhandlungen, an Kiosken und
in Touristeninformationen erhält man
vor Ort meist für wenig Geld gutes
Kartenmaterial. Viele Karten enthalten auch deutschsprachige Hinweise.

Kriminalität

Diebstähle kommen nicht so oft vor,
wie häufig befürchtet. Wo man
zu Gast ist, kann man sich geschützt
fühlen.
Gewaltkriminalität tritt in den ländlichen Gebieten kaum in Erscheinung.

Medizinische Versorgung

Zwischen Polen und der Bundesrepublik ist immer noch kein Krankenver-
sicherungsabkommen abgeschlossen
worden. Alle Arzt- und Krankenhaus-
rechnungen müssen in Polen sofort
und bar bezahlt werden. Deutsche
Krankenkassen ersetzen diese
Auslagen nicht! Der Abschluß einer
privaten Reisekrankenversicherung
ist dringend anzuraten.

Museen und Kirchen

Geschichtsbewußtsein und Heimat-
liebe ließen die Polen in vielen Orten
ein kleines heimatgeschichtliches
Museum einrichten. Die Haushalts-
lage vieler Kommunen hat leider
dazu geführt, daß viele Museen ihre

Öffnungszeiten einschränken mußten. Museen und Gedenkstätten haben gewöhnlich täglich außer montags geöffnet, oft wird bereits um 16 Uhr geschlossen.

Die meisten Kirchen sind außer zu den Gottesdiensten, die in der Regel sonntags den ganzen Tag über und wochentags abends abgehalten werden, geschlossen. Auf Wunsch wird aber gern durch den Pfarrer oder dessen Beauftragten geöffnet.

Notruf

Die Notrufnummern 997 für die Polizei, 998 für die Feuerwehr und 999 für den Rettungsdienst sind landesweit einheitlich.

Öffnungszeiten

Die Öffnungszeiten der Läden, der Behörden und der Museen schwanken sehr und ändern sich ständig. Generell kann gesagt werden: Je größer der Ort und je gewinnorientierter die Einrichtung, desto günstiger die Öffnungszeiten. So gibt es in jeder größeren Stadt einen Lebensmittelladen, der rund um die Uhr geöffnet hat. Auch private Wechselstuben haben teilweise bis spät in die Nacht geöffnet, während Banken ihre Wechselschalter oft nur von 10 bis 13 Uhr offen halten. Noch heute schließen viele Restaurants lange vor Mitternacht. Sogar die Restaurants einiger internationaler Hotels setzen ihre Gäste zeitig vor die Tür. Manche der neueröffneten Privatrestaurants haben sich jedoch auf den Hunger später Gäste eingestellt und sind sehr viel länger geöffnet.

Viele Museen schließen außerhalb der Saison bei Einbruch der Dunkelheit. Einige Museen sind sogar den ganzen Winter über geschlossen. Man sollte versuchen, sich vorher bei einem ›it‹, dem touristischen Informationspunkt, über die Öffnungszeiten zu erkundigen.

Pannenhilfe

Bei einer Panne steht auch dem ausländischen Fahrer der Pannenhilfsdienst des Polnischen Motorverbandes, dem ›PZM‹, zur Verfügung. In fast allen Ortsnetzen ist er unter der Telefon-Nummer 981 zu erreichen. Im Rahmen der internationalen Pannenhilfe steht ausländischen Touristen kostenlose Hilfe vom PZM-Pannendienst im Umkreis von 25 Kilometern der jeweiligen Zweigstelle zu. Auch ein Abschleppdienst, zwei Arbeitsstunden für Reparaturen und eine Rechtsberatung für den Fall einer Rückführung des Fahrzeuges sind in den Leistungen enthalten. Das PZM-Büro für Kraftfahrzeugtouristik, ›Autotour‹, befindet sich in 00-697 Warszawa/Warschau, al. Jerozolimskie 63, Tel. 0 22 / 21 07 89 und 6 28 62 55, Fax 6 28 62 54.

Polizei

Die Polizei ging im Jahr 1990 aus der von Warszawa/Warschau zentral befehligten Miliz hervor. Heute untersteht sie den einzelnen Bezirken.

Landeseinheitlich ist sie unter Tel. 997 zu erreichen. Bei Diebstählen sollte man die örtlichen Polizeiwachen aufsuchen und sich ein Aufnahmeprotokoll der Anzeige ausstellen lassen.

Post- und Fernmeldewesen

Das polnische Post- und Fernmeldewesen ist teilweise immer noch in einem desolaten Zustand, auch wenn in den letzten Jahren bereits viel verbessert wurde. Briefe und Karten von Polen nach Deutschland benötigen bis zu zehn Tagen. Eine Telefonverbindung zwischen beiden Ländern scheitert oft an den wenigen – und daher ständig belegten – Fernleitungen. Mobiltelefone im D1- und D2-Netz können in größeren Städten und den Touristenregionen benutzt werden. Auf dem flachen Land, so auch östlich der Oder, gibt es noch manchmal Probleme.

Normalerweise sind die Briefkästen rot, die grünen Kästen dienen nur dem lokalen Briefverkehr, während die blauen für Luftpostsendungen bestimmt sind. Briefmarken werden in Postämtern, die in der Regel von 8 bis 20 Uhr geöffnet haben, aber auch in vielen ›it‹-Stellen, Kiosken und Hotels, die Postkarten vertreiben, verkauft.

Fast alle öffentlichen Telefonzellen sind mit Kartentelefonen ausgerüstet worden, die nur mit speziellen Telefonkarten funktionieren. Diese Telefonkarten (zu 25, 50, oder 100 Einheiten) sind bei den Postämtern zum jeweils aktuellen Preis erhältlich. Manche

Telefonzellen sind ausschließlich für den Ortsverkehr eingerichtet. Bei Telefongesprächen von Polen ins Ausland muß man sich in ländlichen Gegenden bisweilen noch an das örtliche Fernamt wenden (Vorwahl nach Polen: 0048, von Polen nach Deutschland: 0049; nach der Schweiz: 0041; nach Österreich: 0043). Alle größeren Hotels verfügen über eine eigene Telefonzentrale. Oft sind diese außerdem mit Fernschreiber und Telefax ausgestattet. Der Hilfe einer solchen Telefonzentrale können sich auch Nicht-Hotelgäste bedienen.

Auch bei Gesprächen nach Polen bestehen manchmal noch Schwierigkeiten, einen Anschluß zu erreichen, außerdem ist die Modernisierung des polnischen Telefonnetzes noch nicht abgeschlossen, so daß sich Rufnummern und Vorwahlen ändern können. Hier hilft die Auslandsauskunft der Deutschen Telekom oder die polnische Telefonauskunft (in Polen landesweit unter den Nummern 913 für das Ortsnetz und 912 für Fernverbindungen zu erreichen). Manche Kleinstädte und ländliche Gegenden lassen sich noch nicht direkt anwählen.

Radfahren

Wegen der geringen Steigungen eignet sich das Gebiet östlich der Oder gut für Radtouren. Besonders die verkehrsarmen Nebenstrecken, die meist über einen soliden Asphaltbelag verfügen, sind für Radfahrer ideal. Hauptverkehrsstraßen sollte man auf jeden Fall meiden. Fahrradwege sind unbekannt. Der in Polen übliche Führerschein für Radfahrer ist für Ausländer keine Pflicht. Problematisch ist immer noch die Versorgung mit Ersatzteilen für westliche Fabrikate. Der Transport des Fahrrades in Bahnen, Überlandbussen wird sehr unterschiedlich gehandhabt und ist oft genug vom guten Willen des Personals und dem finanziellen Entgegenkommen des Radfahrers abhängig. Für den Individualfahrradtouristen bietet sich ein Kontakt mit dem Allgemeinen Deutschen Fahrrad-Club (ADFC), Am Dobben 91, 28203 Bremen, an. Die Berliner Zweigstelle befindet sich in der Brunnenstr. 28, 10119 Berlin.

Reiten

Pommern zeichnet sich durch eine lange Pferdezucht-Tradition aus. Auch heute noch zeugen viele Gestüte davon. Östlich der Oder bieten viele Reiterhöfe ›Ferien im Sattel‹ an. Man kann dabei zwischen längeren Aufenthalten, bei denen man auf dem Gutsgelände wohnt, und eintägigen Ausritten wählen. Das Angebot ist breit gefächert. Die Anschriften von Gestüten sind beim Polnischen Reitsportverband erhältlich: Polski Zwiazek Jezdziecki, 00-010 Warszawa, ul. Sienkiewicza 12/14, Tel. 0 22 / 27 01 97.

Schulferien

Die Sommerferien reichen jeweils vom vorletzten Freitag im Juni bis zum letzten Freitag im August. Weihnachtsferien sind vom 22. Dezember bis zum 2. Januar. Die Winterferien dauern zwei Wochen zwischen Ende Januar und Anfang Februar. Die Osterferien beginnen am Gründonnerstag und enden am Dienstag nach Ostern.

Tankstellen

Nahezu alle Tankstellen bieten auch bleifreien Kraftstoff an. Tankstellen und Zapfsäulen für bleifreies Benzin sind mit einem durchgestrichenen ›pb‹ gekennzeichnet. Bleifreies Benzin hat 91 Oktan. Das verbleite Super gibt es mit 94 und 98 Oktan. Verbleites Normalbenzin hat lediglich 86 Oktan. Viele Tankstellen haben rund um die Uhr geöffnet. Die Benzinpreise, besonders für Diesel, sind niedriger als in Deutschland. Kein Wunder also, daß viele Autofahrer Polen als billige Tankstelle benutzen und sich vor der Ausreise noch einmal mit günstigem Kraftstoff eindecken wollen.

Taxi

Obwohl für Polen kaum erschwinglich, sind Taxifahrten nach deutschen Maßstäben verhältnismäßig billig. So mancher Taxifahrer ist behilflich, wenn es darum geht, eine private Unterkunft oder ein empfehlenswertes Restaurant zu finden.

Toiletten, öffentliche

Für den deutschen Besucher zeigen

sich die Türen der öffentlichen Bedürfnisanstalten Polens als Buch mit sieben Siegeln: Auf der einen Tür ist ein Kreis abgebildet, auf der anderen ein Dreieck. Niemand weiß, woher diese Symbole stammen. Zur Orientierung: Der Kreis bedeutet ›Damen‹, das Dreieck ›Herren‹. Einfacher hat es der Tourist mit solchen Anlagen, die mit ›Damski‹ und ›Menski‹ gekennzeichnet sind. Doch egal, ob geometrische Figuren oder Beschriftung – alle öffentlichen Toiletten werden von einem Wärter geführt, der eine geringe Benutzungsgebühr erhebt. Dies gilt auch für die Toiletten in den Hotels und Gaststätten.

Zollbestimmungen

Nach Polen dürfen Waren im Werte von höchstens 100 US-Dollar ohne irgendwelche Beschränkungen eingeführt werden, sofern ihre Menge nicht darauf schließen läßt, daß sie zu Handelszwecken bestimmt sind. Falls die Waren einen Wert von 100 US-Dollar übersteigen, werden sie mit einem Pauschalsatz von 10 Prozent des Warenwertes versteuert. Auch diese Regelung gilt nur für Privatpersonen und bis zu einem Wert von 300 US-Dollar. Dinge des persönlichen Bedarfs sowie Sportausrüstungen, die auschließlich zum eigenen Gebrauch bestimmt sind, dürfen kostenfrei eingeführt werden. Die Einfuhr von Waffen und Munition sowie von Drogen und pornographischen Schriften ist verboten.

Für Jagd- und Sportwaffen werden von der polnischen Vertretung in Deutschland Sondergenehmigungen ausgestellt. Ein- und Ausfuhr der polnischen Währung sind weiterhin offiziell verboten. Für die Einfuhr polnischer Waren nach Deutschland gelten die EG-Bestimmungen. So dürfen Reisende über 18 Jahren 200 Zigaretten, einen Liter hochprozentigen Alkohol oder zwei Liter Wein mitnehmen. Außerdem sind pro Person 50 Milliliter Parfüm oder ein Viertelliter Eau de Toilette, 500 Gramm Kaffee sowie andere Waren, deren Gesamtwert 115 DM offiziell nicht überschreiten darf, erlaubt. Autofahrer dürfen neben dem Kraftstoff, den sie ohnehin im Tank haben, nur zehn Liter zusätzlich im Reservekanister abgabenfrei nach Deutschland einführen.

Der Autor

Jörg Lüderitz wurde 1935 in Rostin, Kreis Soldin/Neumark geboren und stammt aus einer Lehrerfamilie. Sein Großvater war der Sagensammler und Regionalhistoriker Paul Biens.

Nach der Vertreibung aus der Heimat 1945 wurde zunächst Rüdersdorf der neue Wohnort. Seit 1964 lebt er in Grünheide. Der gelernte Buchhändler blieb diesem Beruf bis zum Vorruhestand treu.

Bekannt wurde Lüderitz durch seine Presseveröffentlichungen zu heimatgeschichtlichen und kulturellen Stoffen und als Vorsitzender des Literaturvereins ›Georg Kaiser‹ in Grünheide.

Seine wichtigsten Themen sind die Landschaft, Geschichte, Kultur und Gegenwart der brandenburgischen Gebiete östlich von Oder und Neiße sowic von Grünheide und Umgebung.

Publikationen

Wanderungen östlich der Oder, Stapp Verlag Berlin 1992

Heimatklänge. Sagen und Bilder aus der Geschichte der Neumark, von Paul Biens. Neuausgabe, Verlag Bock & Kübler Fürstenwalde 1994

Radtouren östlich der Oder, Trescher Verlag Berlin 1994

Wiederentdeckte Neumark, Verlag Bock & Kübler Fürstenwalde 1995

Orts- und Wanderführer Woltersdorf/Schleuse, Verlag Bock & Kübler Fürstenwalde 1995

Die Neumark entdecken, Trescher Verlag Berlin 1997

Orts- und Wanderführer Grünheide und Umgebung, Verlag Bock & Kübler Fürstenwalde 1997

Das Sternberger Land, Trescher Verlag Berlin 1998

Woltersdorf in alten Bildern (Herausgabe), Verlag Bock & Kübler Fürstenwalde 1999

Wandern und Radfahren in der Neumark, Trescher Verlag Berlin 1999

Neumärkische Spaziergänge – Zwischen Arnswalde (Chosrzczno) und Züllichau, (Sulechów), Verlag Bock & Kübler, Berlin-Fürstenwalde 2000

Orts- und Wanderführer Rüdersdorf und Umgebung, Verlag Bock & Kübler Berlin-Fürstenwalde 2000

Ortsregister

Trescher Verlag

Reihe-Reisen und Berlin-Brandenburg

Das Sternberger Land
Unterwegs östlich von Oder
und Neiße
19,80 DM, ISBN 3-928409-76-X

**Wandern und Radfahren in
der Neumark**
Touren durch die traditionelle
Berliner Sommerfrische
19,80 DM, ISBN 3-928409-88-3

Die Neumark entdecken
Durch die alte Kulturlandschaft
östlich der Oder
19,80 DM, ISBN 3-928409-60-3

Masuren entdecken
Streifzüge durchs Land der
Seen und Wälder
26,80 DM, ISBN 3-928409-61-1

Große Radtour um Berlin
Um die Hauptstadt in 42 Tagen
19,80 DM, ISBN 3-928409-77-8

Essen in Brandenburg
Ein kulinarischer Wegweiser
24,80 DM, ISBN 3-928409-87-5

Brandenburg entdecken I
Prignitz, Ruppiner Land,
Uckermark, Barnim
24,80 DM, ISBN 3-928409-63-8

Brandenburg entdecken II
Märkische Schweiz, Spreewald,
Lausitz
24,80 DM, ISBN 3-928409-64-6

Brandenburg entdecken III
Potsdam, Elbe-Elster-Gebiet,
Fläming, Havelland
24,80 DM, ISBN 3-928409-65-4